Corriendo Como Vencedor

Dr. Julio Sotero

CORRIENDO COMO VENCEDOR
© 2015 by Bridge Network
ISBN: 978-1514782866

Todos los derechos reservados
Ninguna parte de esta publicación podrá ser reproducida,
o procesada en algún sistema.

Categoría: Crecimiento espiritual
Impreso USA

Dedicatoria

Dedico este libro al Altísimo Dios, quien abrió un depósito en mí de Su Gracia y Verdad. Reconociendo además que todas las bendiciones vienen de El, por El y Para El
.

A aquellos que son parte de los millones y millones de habitantes de esta tierra que han decidido prepararse antes de salir a correr esta carrera que tenemos delante llamada vida. Que mientras corran puedan gozar de las riquezas de un Padre bondadoso que por su Gracia nos ha capacitado para expresar una mayor calidad de vida.

A mi amada esposa Margie, que ha sido un agente de cambio y me ha ayudado a prepararme a correr esta carrera de largo alcance. Eres un regalo de Dios para mi.

A mi Hijo Isaac, del cual he aprendido mucha paciencia y que Dios nos ha permitido juntos gozar del "Premio Como Vencedores.

Contenido

Prólogo 4

Introducción 6

1. Pasados Por Fuego 10

2. Maratón Divino 23

3. Corriendo con el Peso Correcto......................38

4. La Buena Rutina 55

5. Resiste! 69

6. Posición para Correr 79

7. Traspasando Los Límites 95

8. Ponle Nombre a tu Carrera 111

9. El Lenguaje de tu Carrera 122

* A menos que se indique lo contrario todas las citas son de la Biblia versión Reina-Valera 1960.

Prólogo

El libro que tienes en tu mano no solo tiene el potencial de cambiar y transformar tu vida, sino que observaras que es poderoso para ayudarte a ir por encima de cada obstáculo y limitación con las cuales estás batallando.

La transformación es el resultado de ser cortado hasta el corazón por la verdad del cielo y la evidencia de su existencia es una mente cambiada. Siempre he creído que si cambias tu mente, cambiaras tu vida, el potencial que está en ti, como así mismo tu destino.

"Corriendo como Vencedor" no es solamente importante sino que llega a tiempo para cualquier persona que está cansada de vivir una vida sin cumplimiento. Los principios que escribe el Dr. Julio Sotero son sencillos pero a su vez son verdaderamente transformadores.

Asi mismo hago mias las siguientes palabras, cargadas de poder transformador:
"Creo que el problema no es con el tesoro que Dios ha depositado en nosotros sino que no administramos el barro que somos."
" ... sin posicion no hay posesion."

El libro que tienes en tus manos no es una "varita mágica" que al usarla todo traerá resultados inmediatos. Es una obra que trata con las transiciones que cada persona deberá pasar para alcanzar ese nivel de expresión única, el cual fue dotado por Dios para que cada uno pueda vivir la plenitud y el potencial de las virtudes que están depositadas sobre cada uno de los que dicen ser vasijas en manos del Alfarero.

El Dr. Julio Sotero ha sido mi amigo por más de 30 años. He tenido el honor de ministrar con el muchas veces en ciudades diferentes. Él es un hombre ungido por Dios con muchos años de ministerio y experiencias de vida. Cada vez que nos sentamos a hablar, estoy conmovido por su pasión a ver gente llegar a ser lo que Dios ha querido para ellos.

Te motivo a no solamente leer este libro sino estudiarlo. Léelo, y léelo otra vez. Definitivamente tiene verdad y revelación del corazón de Dios. Va a desafiarte y hacerte tomar un paso más allá de vivir una vida normal.

Empezar a vivir para un sueño más grande que está depositado en tu vida.

Ahora, Prepárate a empezar la jornada porque tu vida esta a punto de cambiar!

Sam Hinn

Senior Pastor
Gathering Church
Lake Mary, FL

Introducción

Si aceptas perder nunca verás la Victoria.
Vince Lombardi

¡A todos nos llega el día de Correr!
Para muchos… días buenos, para otros…días menos buenos; tan diferente como la vieja frase: "ver el vaso medio vacío o verlo medio lleno".

A todos nos llega el día donde pensamos que será uno lleno de esperanza, o de expectativas. Tendremos la capacidad y la posibilidad de probar lo que hemos venido aprendiendo, y como niños de escuela elemental -que una vez aprendieron algo- quieren ponerlo en práctica para así dar a conocer lo nuevo que han aprendido.

Esta actitud puede ponernos en una posición extremadamente delicada, porque -como en aquellas primeras enseñanzas- se nos puede calificar como el que más sabe, el que busca solo aprobación para poder ganar favores o reconocimientos delante de los demás.

Pensamos que porque tenemos o hemos conocido algo nuevo, ese algo es para todo el mundo. Así cuando nos encontramos en medio de un grupo de personas no resistimos la terapéutica tentación de hablar, de comunicar, de expresarnos porque somos lleva- dos a creer o a pensar que si no participamos estamos dando un mensaje -a la gente que nos rodea- que no sabemos nada o al menos de que nuestra ignorancia es bien notoria.

Dejamos de valorar la importancia del silencio. Hablando, creemos demostrar que estamos en la onda de la conversación; que no hemos quedado atrás ni en la retaguardia de lo que están diciendo a nuestro alrededor.
Pero aunque permanezcamos con nuestra boca cerrada verdaderamente a todos nos llega el día.

Días en los cuales Dios nos da la capacidad de probarnos a nosotros mismos y apreciar que Él ha confiado talentos muy preciosos en estos vasos de barro que decimos ser. Claro que en ocasiones derramamos a tierra lo que con gran sacrificio nos han entregado y confiado. Creo que el problema no es con el tesoro que Dios ha depositado en nosotros, sino que no administramos ni guardamos el "barro" con el cual fuimos constituidos.

Del mismo modo es el tiempo cuando una pareja espera con ansias su primer bebe. Buscan todo lo que está al alcance: los pañales, la cuna, las sábanas, la pequeña ropa, los sonajeros, el cuarto, todo indica que anhelan al que llega, están preparados para aquel día de tanta expectativa y significado en sus vidas.

Los padres hemos pasado por la experiencia, para que cuando "llegue ese día" podamos gozar del nuevo integrante de la familia.

¡Llegó el Día; a Correr!.., exclaman las parejas que se esforzaron durante meses para preparar su boda, su fiesta, los brindis, la celebración…pero, tristemente en ocasio- nes y al cabo de un tiempo se olvidaron de los decorados, la lista de invitados, los pasteles, los arreglos, el vestido, la ceremonia, los votos y las promesas, … llega la separación. ¿Por qué?

"Quien dicen los hombres que es el Hijo del Hombre."

Mateo 16:13

Luego de un panel de preguntas y respuestas, Simón Pedro responde:

"Tú eres el Cristo, el Hijo del Dios viviente"

Mateo 16:16

Jesús resueltamente le responde a Pedro:

…que Tu eres Pedro… y a ti te daré las llaves del reino de los cielos..."

Mateo 16: 18,19

Observando el texto también podemos exclamar:

¡LLEGÓ EL DIA DE CORRER!.. Porque a través de la declaración de Jesús sobre el apóstol nos damos cuenta que en ese instante Jesús estaba sellando la verdadera identidad del discípulo.

Permíteme decirte que estas mismas palabras serán las que actuarán en ti cuando adviertas y creas cual es la verdadera identidad que Dios tiene reservada para tu vida y tu ministerio. Del valor que te da el Padre no importando tu condición pero si considerando tu persona; lo que eres y fundamentalmente lo que llegarás a ser y representar para el Padre y para su Reino.

Pedro pudo saber su identidad; conocer su posición en Cristo. Claro que a veces se pierde esa misma identificación porque se malgasta la vida en vez de invertir en ella, en afirmar la posición, el llamado o el ministerio que nos hará ganar la porción del mundo donde vivimos.

Luego de eso Jesús continúa su exposición declarando:
"…a Ti te daré".

Esto nos lleva a la siguiente conclusión: Sin posición no hay posesión.

Ese día llegará y será para ti el día más esperado de toda tu vida. Pero debes considerar que también es el día que espera el Señor.

Día que -después de los procesos y transiciones- puedas glorificar a Dios a través de lo que haces; sobrepasar obstáculos, recoger cosecha, ver venir el Reino de Dios y Su Voluntad sobre la tierra y sobre tu propia vida

Llegó el Día de enfrentar tus propias limitaciones y poder ir sobre ellas para así alcanzar todo lo que Dios ha declarado sobre tu vida.

Puedes confesarlo a voz en cuello:

¡Corramos como Vencedores!

Capítulo

1

No oren por llevar una vida fácil.

Oren por ser hombres más fuertes.
JF Kennedy

Pasados por Fuego

Todos en un momento determinado de la vida tuvimos que pasar una prueba.

Una dificultad en el trabajo, un examen en la escuela, aún en las relaciones que hemos desarrollado a lo largo de nuestra existencia como individuos que viven en permanente relación con el entorno que nos rodea.

Vienen a mi memoria -cuando niño- esos momentos de exámenes, las sensaciones tan especiales y no menos desagradables que sentía cuando había que enfrentar esas pruebas y más aún las dolorosas consecuencias que traía el no aprobarlas. Cargando entonces sobre las espaldas y el boletín de calificaciones el fastidioso título del drama: ¡reprobados!

Pero no solo recuerdo las experiencias de mi niñez sino que veo los claros anuncios de reclutamientos de los marinos de las fuerzas armadas: "Hay un proceso por el cual pasan estos hombres para ser Marinos"... Y continua la voz: "....se toma el acero, y se va templando hasta convertirlo en lo que se desea...." Interesante cuando se ve el anuncio.

Muchos lo pueden atestiguar: Una cosa es lo que se ve en el anuncio y otra es las semanas que pasan estos hombres dentro de ese entrenamiento. Verdaderamente cada uno de esos días pasados son una prueba de fuego.

Los que están al mando de esos hombres no les interesa la hoja de vida de los reclutas, nada de su pasado es relevante, ni los logros que puedan mostrar hasta ese alistamiento.

Lo que les interesa es producir hombres dignos no solo de vestir un uniforme sino a lo que están llamados a hacer y que lo hagan bien. Verdaderamente es un sinfín de pruebas, de exámenes, de capacitación, un verdadero proceso de la A hasta la Z, desde el primer día hasta el final del curso, desde la bienvenida hasta la graduación. Viéndolo desde un punto de vista general todo en la vida es enfrentar esos procesos que nos llevan a ser mejores personas.

Permíteme recordarte que si quieres avanzar de una instancia académica a otra, debes ser evaluado, debes pasar la prueba, de lo contrario habrá un reprobado, serás retenido, no puedes continuar o si lo haces siempre estarás debiendo aquello en lo cual no saliste vencedor. Cuando el hombre por sus propios medios intenta ser elevado más allá de su potencial, el fracaso es inevitable. Recuerda que promoción personal nunca puede reemplazar la promoción divina. En definitiva, lo que deberíamos pensar: es imprescindible pasar la prueba para alcanzar la meta.

Cuando el Sistema de Comunicación de Emergencias va hacer una prueba en la televisión, ponen en la pantalla unas barras de colores para dar a entender que es solo una prueba. La realidad de la vida es que nunca tenemos a tiempo la advertencia de las barritas de colores. Mayormente cuando llega el día no sabemos, estamos desprevenidos, o tenemos apagado "el televisor" que podría advertirnos de lo que está por suceder o nos está sucediendo.

Sería maravilloso y de mucha ayuda en nuestra vida saber de antemano cuando viene la prueba, pero la realidad es que pocas veces sucede de este modo. No sabemos reconocer los llamados de atención que estamos recibiendo. Así por falta de examinar el momento que viven, muchas personas no pasan la prueba. Claudican, retroceden, fracasan. En esta situación el hombre demuestra que no ha manejado correctamente su estado emocional y su hombre interior -cual nave a la deriva- se va adentrando al gran mar embravecido.

Entonces se ve cargado de emociones y especulaciones que posiblemente lo desvíen del curso divino que está dispuesto para alcanzar la plenitud de la realización espiritual y personal que Dios anhela para todos sus hijos. En el libro del Éxodo vemos el ejemplo de la zarza ardiente. Moisés miró y vio la zarza ardiendo en fuego. Indudablemente Dios estaba usando a esa zarza. Pero a pesar del fuego no se consumía, y en definitiva esto era lo que llamaba la atención a Moisés. La zarza no se quemaba; no fue destruida a pesar de ser usada. En un sentido cuando Dios nos ha usado retornamos a nuestro perfecto estado, como Él nos creó y como Él nos tomó. En definitiva, lo que nuestro Dios desea es usarnos sin perdernos luego de utilizarnos. Dios quiere que seamos "zarzas", tener el fuego sobre nosotros pero no ser consumidos por las llamas. Para eso nos prepara y esto nos forma o dicho en otras palabras es el trato y el aprendizaje de cada día.

Dios no quiere ver hombres y mujeres zozobrando, a la deriva. Nunca el Señor Dios correrá el "riesgo" de que el trato nos destruya, por el contrario su acción es para que crezcamos, no solo en estatura sino en relación y comunión con Él.

Hay muchos hijos de Dios que por no apreciar lo que sucedía con sus vidas, ni darse cuenta que el fuego que portaban, su ministerio no era propio, sino producido por el Espíritu Santo que estaba sobre sus vidas, cayeron, fueron relegados, abandonaron la causa.

...Y si retrocediere no agradará a mi alma
Hebreos 10:38

Indudablemente fueron usados, pero se embriagaron por esos logros, los consideraron como propios, pretendieron apoderarse de los mismos pero en sus borracheras perdieron la dirección y el sentido, no apreciaron la relación con el Cuerpo y al final el fruto de sus vidas resultó todo lo contrario a lo que Dios esperaba de ellos.

En algunas personas el celo por las cosas de Dios es evidente. De esa manera caminan por la vida, anhelan que Dios los use, gastan sus vidas en el propósito que el cielo les ha mostrado, sus sueños y sus proyectos son hacer cosas significativas, verdaderamente trascendentes en sus ministerios, pero sus vidas se convierten en generadores de problemas. Culpan su falta de éxito al mismo problema que enfrentan. Culpan a la falta de visión del resto de la congregación, culpan a los que no piensan como ellos, culpan a todos los que pueden cul- par. No hay inocentes, todos cargan su cuota de responsabilidad en el juicio que han emprendido.

Pero al constituirse como jueces se han vuelto ciegos, no ven ni perciben que lo que están enfrentando es una verdadera oportunidad para probar y desarrollar en ellos mismos la capacidad o la cualidad que Dios ha depositado sobre sus vidas para convertirlos no solo en enviados sino pasar a ser una extensión del Reino de Dios en la Tierra.

En su epístola, el apóstol Santiago hace referencia a las pruebas.

**Hermanos míos, tened por sumo gozo cuando halléis en diversas pruebas, sabiendo que la prueba de vuestra fe produce paciencia.
Más tenga la paciencia su obra completa, para que seáis perfectos y cabales, sin que falte cosa alguna.**
Santiago 1:2-4

El apóstol expresa con verdadera contundencia que virtudes positivas pueden salir de estar en medio de pruebas y adversidades. En lo natural ningún producto alimenticio, de uso cotidiano, farmacéutico, químico es comercializado hasta que no es ensayado y admitido. También así es en lo espiritual. Ninguna persona es usada por Dios hasta que es formada, probada y aprobada.

Recuerda la escritura trazada en la pared cuando Daniel fue llamado a interpretarla.
Pesado has sido en balanza y fuiste hallado falto.
Daniel 5:27

Este es el mismo concepto que el apóstol Pablo le sugirió a Timoteo con respecto a los diáconos, que fueran sometidos a prueba.

Aún revelándonos contra la prueba y la dificultad, indudablemente éstas siempre nos conectan con el pacto y el propósito de Dios para nuestras vidas. Cuando la Biblia habla que Abraham fue probado por Dios, en realidad lo que estaba en disputa era el pacto y la descendencia.

Porque cuando se habla de pacto es medular que cada parte involucrada en dicho acto haga su parte, si así no sucediera, el mismo pacto carece de sentido, valor y vigencia. En el caso de Abraham, él creyó esperanza sobre esperanza. Aunque viejo y lleno de canas, el patriarca entendió que Isaac era el hijo de la promesa y que de su vástago vendría una generación que serviría y caminaría en los propósitos eternos de Dios.

En occidente, lamentablemente, tomamos un pacto como liviano. Tenemos conceptos arraigados que poco tienen que ver con la seriedad, el respeto, y el cuidado por un pacto. Las señales de compromiso parecen no importar demasiado. Con respecto a Dios pensamos que porque Él es Todopoderoso lo hará todo y nosotros no haremos nada, sencillamente seremos "santos" observadores, porque todo ya está en control y determinación de nuestro Salvador, pero el Pacto nos coloca en una posición integral ya que por gracia llena misericordia pasamos a ser parte del mismo.

Dios nos ha involucrado, por lo tanto no podemos creer que existiendo un pacto sobre nosotros todo queda como si nada sucediese. Para bien o para mal nos afecta, y quedar mirando como se desarrolla la acción no solo es tener en poco lo que Dios nos ha concedido sino es dar la espalda para trasformarnos en cómodos espectadores sentados en la mullida butaca de la vida.

A modo de ejemplo en demasiadas ocasiones también al pacto matrimonial se lo considera en poco, casi una eventualidad o una circunstancia más de la vida, no se lo valora ni se lo estima como único. Se ha perdido el sentido del mismo porque en el mejor de los casos el pacto ha recaído en una de las partes y la otra espera, cruza sus brazos, ve el abismo, pero prefiere la indiferencia en silencio o la infidelidad en vez de comenzar a estimar como precioso el compromiso. Deja que el otro juegue solo, ignorando que así ambos irán al precipicio y es probable que terminen matando todo lo bueno que juntos podrían haber logrado.

No fue así con el patriarca. Abraham creyó y le fue contado por justicia. Esto lo llevó a estar en un correcto compromiso en el pacto. Desde esa posición -la cual todos nosotros tenemos-, Abraham no dudó en dar a su hijo en sacrificio.

Por un momento subamos a Moriah, visualicemos la escena. Dios le pide que sacrifique a Isaac.

Abraham dice: ¿Eso es lo que quieres? ¿Esto es lo que pides? Pues seré obediente... entonces lo haré.
¿Qué llevó a Abraham tomar esa decisión?
El Pacto. El patriarca sabía que el pacto demandaba una acción que llevara a Dios a decir: "Ahora sé que temes", "ahora sé que has entendido la distinción que descansa sobre tu vida".

Y dijo:
No extiendas la mano sobre el muchacho, ni le hagas nada, porque yo conozco que temes a Dios, por cuanto no me rehusaste tu hijo, tú único.
Génesis 22: 12

¿Dios dudaba de Abraham?
La declaración de Dios ahora traía definición a la vida del patriarca. La experiencia del monte Moriah no era para que Dios conociera hasta donde llegaría la obediencia de Abraham, sino que era para que el mismo Abraham entendiera lo que Dios demanda cuando nosotros mismos le peticionamos delante de su sublime Trono.

Dijo también Abram: Mira que no me has dado prole...
Génesis 15:3

Primero Abram se coloca en una posición correcta con Dios; esto es justo y razonable en una relación de pacto,

pero luego llega la demanda de Dios…
> **Toma ahora tu hijo, tú único, Isaac,
> a quien amas y vete a tierra de Moriah
> y ofrécelo allí en holocausto sobre uno de los montes
> que yo te diré.**
>
> Génesis 22:3

Pienso que aquella noche debe haber sido dramática para Abraham… "Dame tu hijo". Tres palabras que habrán sonado muchas veces en la mente del padre, pero aún así no niega, no demora el tiempo que en sus razonamientos seguramente eran tiempos de entrega, de obediencia pero también inexorablemente de luto y tragedia.

> **Y Abraham se levantó muy de mañana…
> y se levantó… y fue al lugar que Dios le dijo.**
>
> Génesis 22:3
>
> **Y extendió Abraham su mano
> y tomó el cuchillo para degollar a su hijo.**
>
> Génesis 22:10

En segunda lectura de este texto, puedo ver un intenso silencio, quebrado por nada. En la cima del monte una mano se eleva, los ojos fijos de Isaac, la decisión de un padre y la actitud de Abraham como clamando por razones al cielo mientras parecía decir:
-¿Cómo sigo?,¿Dónde estás mi Dios? Aún a mi fe "le faltan" razones.

Pero en ese momento los cielos no guardan silencio. Quién había dado la orden responde, quién había indicado el holocausto, la entrega del hijo y la renuncia más severa que podamos imaginar, Dios deja de ser espectador para ser parte: ¡Dios provee el cordero!

De este modo Dios ratifica el pacto, hay continuidad,

Abraham es justificado o, expresado en otra forma, es posicionado correctamente ante Dios.

Primero el Pacto, luego la promesa. Dios prueba al hombre, el que cargará la bendición, al padre de la fe, pero para eso pareciera decir: ¡Veamos cuanto está dispuesto hacer este hombre para cargar en sus entrañas la promesa! Por eso el pedido sobre Isaac, porque no era superficial la entrega ni la demanda, tenía que ver con lo más amado y profundo del padre. Abraham fue probado porque en esa prueba se vislumbra la aprobación de Dios, no puede ser de otra manera.

Moriah fue la prueba para Abraham, y siempre será una enseñanza para nosotros, porque es en esas situaciones límites donde se dejará ver la plena manifestación del principio de lo que Dios quiere hacer con sus hijos, pero ten presente que siempre se manifestará la relación con Dios cuando en medio de la prueba tú te mantengas firme dentro del pacto.

También gran parte del pueblo y los ministros de Dios carecen de la plenitud de las manifestaciones del Reino que está sobre sus vidas porque en medio de la pruebas de fuego colocan sus sentimientos, sus pasiones y sus debilidades antes que los propósitos. Se niegan a pasar el dolor, poniendo así ponen en juego su destino y sus metas junto a Dios.

El mayor ejemplo que tenemos a seguir lo fue nuestro maestro Jesús.

**... el cual por el gozo puesto delante de él
sufrió la cruz, menospreciando el oprobio...**
Hebreos 12:2

El autor de la epístola a los Hebreos dice que el Señor soportó la cruz. Cristo puso el propósito primero y eso fue causa de gozo. Él vio más allá de la cruz, no es que la pasó por alto sino que el resultado de su sacrificio estuvo por encima de los clavos, las espinas y la muerte. El vio cual era la demanda sobre su vida… **haciéndose obediente hasta la muerte…(Filipenses 2:8)** Así mismo puedo decir que Él nos vio a todos nosotros salvos, rodeando el Trono, eso es lo que le causó gozo, no era masoquismo o autoflagelación. El gozo de consumar, de aprobar la demanda y así cumplir el propósito por el cual había sido enviado.

En su naturaleza siempre el ser humano ha visto y considerado las pruebas como algo fatal. Inevitablemente se apresura para teñir las adversidades como trágicas, amargas, demasiado cercanas al sacrificio, la disciplina y el tormento.

Es verdad que ninguna disciplina al presente parece ser causa de gozo, sino de tristeza,…

Hebreos 12:11

Aunque nos resulte extremadamente complejo, debemos tratar de entender la dinámica de las pruebas y las circunstancias que Dios nos pone por delante muchas veces en la vida. Para comprender algo de lo que nos sucede es valioso que tengamos presente el fin de esas circunstancias por difíciles que resulten. Nos cuesta entenderlo pero las pruebas siempre tienen una característica especial, ellas desembocan irremediablemente en un buen final, no son fruto de absurdos o de extrañas causalidades permitidas por el Señor.

…pero después da fruto apacible de justicia a los que en ella han sido ejercitados.

Hebreos 12:11

El haber sido experimentados nos dará seguridad, esa es fundamentalmente la buena nueva de la experiencia.

El apóstol Santiago lo afirma todavía con más contundencia cuando nos exhorta a tener **sumo gozo cuando** estemos en medio no solo de una prueba sino de **diversas pruebas.**

El problema radica porque nos preparamos a enfrentar pruebas, creyendo que solo con clamar al Señor las soportaremos, eso es verdad pero el dilema está en que muy probablemente esas mismas pruebas nada tienen que ver con el propósito de Dios en nosotros.

Indudablemente en Abraham hubo pruebas, Moriah es la más notoria pero de allí podemos decir, que bajó del monte otro hombre, uno que conoció que estaba dispuesto a lo máximo, a dar todo lo que se le podía pedir. Abraham creció, se fortaleció en esa prueba y pudo comprobar al girar su cabeza que el Dios en el cual creía no lo abandonaba, el cordero enredado en el zarzal lo atestiguaba y posiblemente alguna gota de helado sudor que corría todavía por la sien de Isaac.

...Y si retrocediere..., esta es la verdadera tragedia de aquellos que enfrentaron las pruebas y no las vieron como posibilidad de crecer, sino que se resignaron al lamento, las lágrimas, la soledad, el pecado y al resentimiento, culpando a muchos pero no mirándose al propio espejo, lloraron en lo rincones, pero no levantaron los ojos al cielo, su lamento solo fue un lamer de heridas. Mostraron sus penurias pero pasada esas adversidades nada extraordinario pasó en ellos.

...Y si retrocediere... en los originales dice: "si bajaran las velas", y eso es lo que sucede, nos parecemos a un barco que ha desertado, ya no quiere que el viento infle su velamen. Es verdad que no se hunde pero queda inmovilizado, quieto, inútil, desconociendo que la tormenta ha pasado y a la regata le restan muchas millas para llegar al final.

Puedo advertirte que las pruebas seguirán, otros mares, otras olas. Nada ni nadie pueden asegurar océanos calmos y vientos favorables pero como enfrentemos los próximos desafíos será no solo que nosotros mismos lo experimentemos para acercarnos a Dios sino que será el legado que inexorablemente afectará a las próximas generaciones que nos sucedan.

Capítulo 2

Si aceptas perder nunca veras la Vivtoria.

Vince Lombardi

Maratón Divino

Cuando pensamos en un maratón lo primero que se nos viene a la mente es una carrera. No solo eso, toda la expectativa que se genera alrededor de la misma: los corredores, su apariencia, delgados, llenos de fibra. Han pasado los días de entrenamiento, de disciplina, de sacrificios y de renuncias. Han comido lo necesario para mantenerse fuertes, pero no para que les sobren grasas en su cuerpo. Verdaderamente son muchas las imágenes que podrían surgir cuando pensamos en un maratón.

La largada, la identificación de cada participante, el público que alentará, y claro algo está presente, aunque nadie lo divise: la ansiada meta, el final, la recompensa, no solo para el primero, sino para todo el que llega, que no claudica, que aunque los pies llagados y dolidos digan basta, la mente decide seguir.

El maratón es sinónimo de competencia, de resistencia, de meta, de deseo, de prueba, de sobreponerse a lo que dicte la razón, lo que "informe" la carne decidida- mente no será tenido en cuenta. Cuando aplicamos este ejemplo a lo espiritual no debería sorprendernos como algo nuevo.

El apóstol Pablo usó este término para definir nuestro caminar en Cristo.

¿No sabéis que los que corren en el estadio, todos a la verdad corren, pero uno solo se lleva el premio?
Corred de tal manera que lo obtengáis.
1 Corintios 9:24

Si consideramos estrictamente las palabras anteriores notamos que nos están llamando a que corramos para ganar, no solo el participar de la carrera, sino anhelar ser el que corta la cinta en la llegada.

Cuando aplicamos la idea de lo "Maratónico" a nuestras vidas, debemos entender que esto nos prefigura como algo que jamás es de corto alcance, sino una carrera de largo aliento, de esfuerzo supremo al cual no podremos resistir si no nos hemos preparado conveniente.

Viviendo en medio de una generación caracterizadas por perseguir resultados inmediatos en lo que se requiere largo alcance, notamos que no se le da la importancia debida a lo que es prepararse y planificar la estrategia de la carrera.

Es por eso que nos encontramos en medio de una generación que ha trastocado los roles y las prioridades: no hay mañana, no hay futuro, solo interesa, apura y desvela el hoy. Primero se consume y nunca se piensa en ahorrar. Es una generación que no se prepara para el invierno, no almacena, no provee, todo es hoy, ahora, ya, y el mañana es casi tan utópico que pareciera estar escondido en una lejana abstracta nebulosa del tiempo.

Entonces lo cotidiano y común se vuelve trágico porque muchos comienzan pero pocos terminan, así también es en la vida cristiana, no es solo dar el primer paso o el segundo, debe importar la conclusión, llegar a la meta. Claro que la realidad de todo es que para terminar esta carrera seguramente tendremos que tomar decisiones, muchas de las cuales estarán cargadas de demandas difíciles, de hacer lo que Dios ordena y no de lo que nos parece.

En definitiva, es necesario estar dispuestos a pagar ese precio que se demanda para pasar las pruebas y llegar a la meta. Para participar de una carrera de largo alcance debes tener claro que no todo es velocidad, sino fundamentalmente resistencia, sabiendo con claridad, antes de largar, cual es la meta donde quieres llegar. Esa resistencia no se adquiere por emoción, o a través de un glorioso tiempo o por participar en una carrera sino que se desarrolla a través del carácter de Cristo en nosotros.

Del mismo modo que un atleta se prepara para el gran día lo debemos hacer nosotros. La intensidad, la repetición, la continuidad del ejercicio determinarán la rutina que vamos a llevar y la fortaleza que vayamos adquiriendo.

Debes preguntarte que cosas estás haciendo repetidas veces, las cuales darán vigor a tus músculos y mucho más que eso, pero indudablemente estarán desarrollando buenos hábitos en ti. Recuerda que todo lo que hagas frecuentemente finalmente se convertirá en costumbre, así te darás cuenta que gran parte de los que eres en la vida está basado en el hábito que has desarrollado.

**Y en gran manera se maravillaban,
Diciendo, bien lo ha hecho todo.
Marcos 7:37**

Indudablemente este texto refleja que tipo de hábitos tenia el Maestro; lo que hacia diariamente, lo que era su costumbre. No podemos negar que nuestras vidas están compuestas de la sumatoria de hábitos. Tu vida son tus hábitos pero debes darte cuenta que no puedes permitir que esos mismos hábitos malos sean los que están controlando tu vida porque invariablemente siempre te harán retroceder, te dañarán, para llevarte al pasado o la fracaso y la desilusión.

Si hablamos de comparar nuestras vidas con una carrera de largo alcance tu objetivo debe ser la perseverancia y la constancia en las buenas acciones. Tus viejos hábitos no solo te presentan como lejana la meta sino que te mantienen fuera de curso hacia una vida de persistencia y resistencia.

De como desarrollar entereza hablaremos en los próximos capítulos. Ahora bien, las conductas de los hombres no solo deben ser producto de los errores o caídas que han tenido. No llegaron a la meta, o mejor expresado, no alcanzaron a terminar esa etapa de la carrera. A modo de ejemplo: un problema matrimonial que resultó en divorcio, todo se rompió, entonces se decide asumir un estilo de vida diferente a lo que Dios ha diseñado para nosotros pero además lamentablemente casi siempre ese estilo de vida que se adopta después de una experiencia emocional devastadora es contrario a la Palabra y a los principios de Dios.

**Y yo se que en mí, esto es,
en mi carne no mora el bien;
porque el querer el bien está en mi, pero no el hacerlo.
Porque no hago el bien que quiero, sino el mal que no quiero, eso hago. Y si hago lo que no quiero, ya no lo hago yo, sino el pecado que mora en mí.
Así que, queriendo yo hacer el bien, hallo esta ley:
que el mal está en mí. Porque según el hombre interior me deleito en la ley de Dios.
Romanos 7: 18-22**

Indudablemente el apóstol Pablo tuvo que manejar impulsos internos que lo llevaban a hábitos que no mostraban carácter, madurez y santidad. Los cuales también son para nosotros las cosas que practicamos y que nos llevan a adquirir los hábitos y costumbres que muchas veces son las que nos alejan de Dios.

Deberíamos preguntarnos: ¿En que estoy invir- tiendo el tiempo?, ¿Qué estoy practicando? ¿Cuáles son los hábitos que me mantienen lejos del Creador?

El apóstol Pablo al mostrar sin tapujos su interior decía que hacía las cosas que no quería, esas que detestaba lo terminaban dominando. Debes conocer qué está operando en tu vida que te hace mantener hábitos y conductas que no están alineadas con Dios.

Así, una manera de pensar que fue sembrada en tu infancia o en tu desarrollo, aún algo de tus viejos mentores o maestros, pensamientos arraigados en nuestras familias, todo debe ser pasado por el cedazo de la Palabra de Dios porque si no lo hacemos seguramente se producirán nuevos hábitos que nos llevarán a preguntarnos de donde surgió este o aquella práctica en la cual nos vemos acorralados y maniatados más de una vez.

Nuestros hábitos provienen de lo que está sucediendo en nuestros pensamientos, los cuales a su vez son retroalimentados por lo que nos domina, produciéndose un círculo cerrado del cual solo es posible salir cuando decido someter esos mismos hábitos a la Palabra y la corrección de Dios. Muchos de los pensamientos se arraigan producto de haber escuchado a alguien o aún en el fallar en someter esas mismas palabras a lo que Dios dice.

Indudablemente lo que escuchamos produce pensamientos.

Porque cual es su pensamiento en su corazón, tal es él.
Proverbios 23:7

¿Qué tiene que ver todo esto con la eternidad y la carrera de la cual venimos hablando? Mucho. Porque tener nuevos pensamientos es tener nuevas emociones y las emociones sanas te llevan a tener buenas decisiones y buenas decisiones te llevarán a desarrollar y consumar buenos hábitos sobre tu vida.

Recuerda que todo comienza cuando avance el poder de la Palabra y tu sujeción a ella. En tu interior se desata la bendición de alinearse con lo que Dios dice y paulatinamente te darás cuenta como van siendo dejados aquellos hábitos que muchas veces te han llevado a querer abandonar el maratón en la cual te has involu- crado.

El Apóstol Pablo nos revela instrucción a partir de la Palabra y en la Versión Amplificada dice: "acciones que me gobiernan".

"Así que, queriendo yo hacer el bien,
hallo esta ley, que él mal está en mi."
Romanos 21:7

En definitiva vemos que nuestra nueva naturaleza quiere hacer lo correcto, pero hay otras decisiones que se toman a nivel de conciencia y esto no es otra cosa que los hábitos adquiridos, los cuales siempre presuponen un alejamiento de Dios. La mente no se renueva instantáneamente, debe haber determinación de nuestra parte y eso muchas veces se trasforma en el mayor obstáculo a vencer. Dejar lo viejo para hacer lo nuevo debería ser nuestra conducta.

El apóstol tenía ese dilema al admitir que estaba en una franca lucha, su interior era realmente un combate de fuerzas, que él mismo tenía que sobrellevar no descartando que en más de una oportunidad sucumbía.

Ahora, pues, ninguna condenación hay para los que están en Cristo Jesús, los que nos andan conforme a la carne, sino conforme al Espíritu.
Romanos 8:1

Pero esta declaración la hace desde una perspectiva totalmente sana y corazón transparente. Destacándose así que el apóstol no desconocía su carnalidad pero evidentemente tenía muy claro que en Cristo y en su misericordia no hay condenación, aún cuando fallamos en medio de la carrera que estamos tratando de sostener.

Debemos tener siempre presente que el ser carnal no es hacer cosas carnales sino pensar primero en lo carnal, y luego involucramos en la acción o dicho de otra manera dar libertad a la carnalidad que mora en todos nosotros.

Ten presente que siempre antecede a la acción el pensamiento malo, luego viene la decisión por hacer lo indebido. Nunca se peca circunstancialmente, sino primero el pensamiento malo, luego la acción clandestina, desaprobada y en clara rebeldía a los principios de Dios. No puedes expresarte carnalmente sin tener los pensamientos de la carne primero y cuando vemos la palabra "Carne" en la Biblia implica o tiene connotación a los pensamientos que se oponen o las ideas contrarias a la Palabra de Dios.

Pablo nos muestra en sus cartas que ya tenemos la manera de salir de este dilema.

Nos exhorta a caminar con leyes espirituales que llevarán a alinear nuestras mentes y nuestras acciones con la Palabra de Dios.

Porque el ocuparse de la carne es muerte, pero el ocuparse del Espíritu es vida y paz.
Romanos 8:6

El apóstol continua en una decisión para su vida y esta no es otra que la de caminar en las leyes que lo hacen libre para continuar en el propósito de Dios. Es como si dejara estas advertencias: "Voy a seguir en las leyes que gobiernan en espíritu, así desarrollaré pensamientos que se llevan de acuerdo con los pensamientos y los principios de Dios". "Voy a permitir que la Palabra determine mis ideologías, emociones, decisiones, acciones, de esta manera sé que se formarán los hábitos que Dios aprueba para mi vida".

El apóstol dice que si camina en esta nueva ley del espíritu entonces es librado de la ley que lo lleva cautivo a ir contrario a las cosas de Dios. Entonces si dejamos de leer y observar la Palabra de Dios no tendremos los medios para "reprogramar" nuestras mentes. Sin esta determinación, tu vida y tu cuerpo seguirán desarrollándose en hábitos que los gobiernen. Cada día cuando te levantes en vez de hacer lo bueno harás lo que es contrario a lo que ya Dios ha depositado en ti.

Recuerdas el maratón que te hablaba al principio, debes desarrollar e involucrarte en la persistencia, porque esta palabra se asocia con mantenerse, continuar moviéndote contra la dificultad, peligro, el cansancio, la soledad o la lejanía de la ansiada meta.

Si una gota de agua termina perforando la piedra, la persistencia vence la resistencia, deberíamos pregón- tarnos: ¿Qué es lo que no nos deja avanzar? ¿Qué es lo que está causando tanta obstinación? Vence la oposición a los planes de Dios. Persiste, aunque en medio de la carrera veas a otros desertar, claudicar, sigue, continúa buscando estar alineado con las leyes de Dios, lo que indudablemente te llevará a ver y sentir la meta más cercana cada día.

Por mucho tiempo el pueblo de Dios ha sido expuesto a un tipo de predicación del evangelio muy liviana y esto ha dado como resultado que haya un pueblo que a la primera prueba se rinde.

Pero rendirse siempre genera frustración, desanimo, porque en esa "retirada" del campo de batalla se vislumbra fácilmente que hay muchas vidas que no conocen su propósito. No hay esfuerzo ante la adversidad porque no se sabe el destino e inevitablemente la paciencia parece estar ausente de sus vidas.

¿Cuantas veces has deseado desertar en medio de la carrera? El cansancio golpea tu vida, sufres un verdadero drenaje de tus fuerzas espirituales y la meta aparece como más y más lejos. Pero ahora ha llegado otro tiempo. Ya no escuchamos un evangelio sin demandas, ha llegado el tiempo de la instrucción.

Como verdaderos atletas que enfrentarán distancias, que conocen los obstáculos que están por delante afrontamos también un examen físico y así comprobar la condiciones de salud que tenemos para el gran día. Debes evaluarte, qué cosas necesitas para correr esta carrera. A modo de ejemplo un factor importante para carreras de largo alcance es desarrollar o expandir la capacidad pulmonar. Si el examen revela que hay limitaciones en esa área entonces será difícil calificar para la carrera o habrá severas dificultades para alcanzar la meta.

Otra evaluación indispensable es la que examina el corazón. La palabra corazón en la Biblia se conecta con la mente. Puedo preguntarte: ¿Cómo está tu mente? El ritmo cardiaco debe ser tenido muy en cuenta para la carrera, así también cabría el preguntarnos si la instrucción que estamos recibiendo va de la mano con los "latidos" que emanan desde la Palabra de Dios a nuestra mente.

Déjame advertirte que no podrás llegar más lejos de lo que hay en tu mente. Como mencionamos anteriormente; hay una sucesión de eslabones que se entrelazan una vez escuchadas estas palabras, porque ellas serán las encargadas de producir pensamientos, y los pensamientos generan emociones, las que sin duda afectarán tus decisiones. Y estas decisiones producirán hábitos y estos hábitos serán los encargados de dar muestras no solo de la instrucción que has recibido sino de las que has aceptado en tu corazón.

En definitiva lo que nuestro Dios persigue e insiste es que a través de nosotros se vea la instrucción del Señor sobre sus hijos. Todo lo anterior será como nada si no contemplamos y valoramos la disciplina en la cual somos instruidos pero reconocemos que cuando se habla de este tema no podemos separarlo de lo que es un entrenamiento y una capacitación sistemática.

Para que el adiestramiento sea completo debe abarcar lo moral, mental y físico, es así cuando se dejarán ver los verdaderos resultados, porque además habremos adquirido el hábito de la obediencia la cual se torna decididamente imprescindible en la formación de las conductas aprobadas por Dios en su Palabra.

Si una persona no es disciplinada será inconstante en la obediencia y no tendrá idea de acatamiento en lo que se refiere a instrucción sobre su vida, sus principios o sus hábitos.

Es por eso que las jornadas antes de que llegue "El DÍA" deben tener tanta importancia como el mismo día de la prueba. Porque no es el maratón en si mismo, sino el tiempo previo que va formando una serie de sucesos que al parecer y a simple vista parecieran no estar demasiado relacionados con lo que ocurrirá, pero si lo está.

Son esas pequeñas escenas que crean y definen la antesala al gran día, al "estreno" de la obra que se está consumando y que no es otra cosa que los tratos de Dios, los cuales nos van alineando a la obediencia con el cielo y la Palabra.

Recuerda:
Y aunque era Hijo, por lo que padeció aprendió la obediencia.
Hebreos 5:8

Todo esto es lo que hace apasionante la carrera. Cuando conoces el fin y la razón por la cual estás corriendo, los obstáculos interiores y debilidades pueden parecerse a verdaderas fortalezas, pero el entrenamiento que has tenido hará que salgas victorioso de cada una de las pruebas que se presenten.

Recuerdas el film de los años 80: "El Niño Karateca" (The Karate Kid). Aquella historia hablaba de un niño que quiso entrenarse para no ser atropellado por aquellos que habían notado una debilidad en él. Al comienzo de su entrenamiento el muchacho pensó que era fácil.

De hecho, el quería comenzar su entrenamiento ya, subir al ring ya, pero esa actitud agresiva jamás iba a impresionar a su maestro.

Así somos a veces; pensamos que vamos a impresionar a Dios con lo que sabemos o lo que hemos aprendido.

Permíteme decirte esto: no es por lo que sepamos sino lo que entendamos lo que nos va a garantizar confianza en medio del proceso. Aquel joven karateca buscaba lo sensacional del entrenamiento; su maestro en cambio buscaba desarrollar su corazón. Recuerdo que parte de su entrenamiento comenzó con cosas naturales, tales como pintar y lavar autos, aun recoger la casa, tratar de atrapar una gallina pero, al final vimos el producto terminado.

Aquel joven no fue entrenado solo para defenderse sino para mostrar disciplina y entendimiento de cosas prácticas de la vida. Entendió que su entrenamiento en cosas simples lo llevó a completar un proceso, su propia carrera.

De la misma manera cuando nos damos cuenta que las pequeñas cosas que nos ocurren son parte continua de un proceso. Que la pasión no tardará en levantarnos cuando tropecemos y que la persistencia florecerá porque hemos decidido abrazarnos al trato y la disciplina que estamos recibiendo.

Principalmente es allí cuando reconocemos que lo que ocurre en nuestras vidas no es el fin sino la antesala a la bendición determinada por nuestra obediencia. El apóstol Pablo pudo resumir toda su carrera diciendo que el mismo había acabado la carrera peleando la batalla y guardando la fe.

Esa carrera duró casi 32 años luego de descubrir la fatalidad de ser un religioso fanático pensando que agradaba a Dios y sin tener una verdadera experiencia con aquel que podía transformarle. Una de las cosas que debes tomar con determinación para comenzar la carrera de la cual venimos hablando y para la cual estás siendo formado es saber colocar los límites y las acciones correctas en los tiempos apropiados y aprobados por el Señor.

Cuando estas acciones no están colocadas correctamente otras personas u otras situaciones podrán limitarte, hacer borrosa tu visión y poner más distancia hasta la meta que estás llamado a alcanzar.

Decide hoy que camino vas a emprender. Debes saber que nadie –por mucho que te ame o te respete- puede hacerlo por ti. Si has determinado para tu vida el buscar y agradar a Dios y así ser el hombre o la mujer que Dios ha aprobado, conoce que el saber la instrucción y los límites te llevarán a saber donde meterte, donde no, cuando comenzar la carrera, cuando detenerte a descansar, o cuando esforzarse porque la cuesta se ha hecho muy empinada. También conocerás que palabras debes atender y recibir aquellas que necesitas escuchar.

Tenemos que entender que cuando nos determinamos a descubrir la razón por la cual hemos sido llamados entonces reconoceremos que los conflictos presentes son esenciales para alcanzar nuestro futuro. Nuestra nueva vida se caracteriza por un proceso continuo de decisiones correctas y otras que no conviene acordarse. Muchas veces estas acciones tienen que ser tomadas en situaciones extremas, pero sobre todo recuerda esto: los corredores no mantienen la mirada en la salida; sino en la meta.

Como el corredor que en pleno maratón no recuerda los dolores del entrenamiento pasado, te aconsejo a no envenenar tu futuro con el dolor de tu pasado. Extiéndete. Ponte metas como persona cargada de destino y no te conformes con lo que eres.

Si lo que ves delante del espejo no te gusta, revisa a quien te pareces, o a quien imitas, busca que hábitos has desarrollado, los cuales te mantienen ligado a un pasado incierto, a un presente de tragedia o por el contrario hay futuro glorioso en los pasos que estás dando.

Si quieres correr para ganar debes aprender a tomar la mano del Maestro, tienes la seguridad y la promesa que Él caminó antes, y no hubo obstáculo que lo detuviera o le haya influenciado para retroceder un solo paso.

Capítulo

3

*Si el carácter es más alto que la inteligencia
el alma será tan fuerte como su pensamiento.*
Ralph Waldo Emerson

Corriendo con el Peso Correcto

Cuando un atleta se prepara para una carrera de largo alcance debe saber que hay cosas que durante su recorrido lo pueden distraer. Es por eso que su entrenamiento requiere tener enfoque y concentración. No tan solo se prepara física y mentalmente sino que cuida, con esmero revisando todo lo que llevará puesto durante la competencia.

Si pudiéramos remontar a las primeras carreras romanas, la historia nos cuenta que esta gente corría casi desnudos. Ellos sabían que tener peso adicional les incomodaba, lo cual resultaría en restarles resistencia.

Es por eso que el autor del libro de Hebreos describe **que nos despojemos de todo peso.**
Hebreos 12:1
El peso en una competencia demora la meta o hará que no termines, o si lo haces quedes exhausto, porque nuestra carrera es única, porque no se limita a algunos kilómetros, no estamos marchando solo unas semanas o varios meses. Nuestra carrera es constante, solo se detendrá en el encuentro con el Señor.

Por ser una carrera continua debemos mantener disciplina y enfoque en lo que hacemos y esto pondrá en evidencia lo que ocurre verdaderamente en nuestro interior.

Puedes decir: "Yo no quiero correr…caminado llegaré". Pero lo cierto es que debemos entender que ya estamos involucrados en esta carrera por consiguiente tienes solo dos opciones: O te corres de tu vida o corres por la vida. La primera variante no creo que la analices, la segunda es lo que hacemos casi todos los habitantes de este planeta.

Puedes darte cuenta que ni siquiera es demasiado importante ni cuando comienzas sino como termines la carrera.

Has notado que en las competencias de largas distancias no hay un modelo de como colocarse en el punto de partida. A nadie le importa demasiado quien está primero. Es más antes del disparo inicial parecen un conglomerado de personas esperando que abran la puerta para todos salir a la misma vez, pero dentro de ese conglomerado todos han esperado el día, han preparado su vida para esa carrera, están ahí con algo dominando su mente: llegar a la meta.

> **...despojémonos de todo peso**
> **y del pecado que nos asedia,**
> **y corramos con paciencia**
> **la carrera que tenemos por delante.**
> **Hebreos 12:1**

Hay una palabra que usa el autor para expresar el proceso de llevar cargas innecesarias. Dice que hay cosas que nos "asedian". En otras traducciones bíblicas es sustituida por envolver o enredar. *(NVI: ...despojémonos del lastre que nos estorba)*

El significado tiene la connotación de ser entretenido o aturdido con el fin de que no se cumpla el objetivo.

Por eso el consejo de la carta: "No tan solo te despojas para la carrera sino que en la carrera te cuidas de no ser entretenido, aturdido o cargas pesos innecesarios.

En estos días miraba junto a mi hijo una serie en televisión en estos canales que muestran programas sobre la naturaleza y temas de descubrimientos. Era interesante lo que veíamos. El contenido del mismo se trataba de un hombre que había sido entrenado para sobrevivir poniendo a prueba una vez tras otra preparación para sobrevivir, no importaban los retos ni las dificultades. Solo con un limitado peso en su espalda recorrió millas sin agua y comida dependiendo solamente del medio ambiente que le rodeaba para suplir sus necesidades. Se podía observar como por medio de su entrenamiento sobrepasaba aún las peores inclemencias del tiempo.

Puedo imaginar que cuando el hombre se encontró en medio de tan escasos recursos no dudó, puso en práctica todo lo que había aprendido durante años de disciplina.
En contraste con el esforzado deportista muchos esperan para el último minuto para tomar medidas y por eso fallan ante el reto de correr con paciencia esta carrera.

Esos interrogantes que surgen en medio de las crisis indudablemente son el resultado de que muchas veces no has venido preparándote para cuando llegue el tiempo de la prueba máxima. Cuando por fin sea el tiempo del ¡Gran día! Permíteme hacerte esta observación: cuando observas y sufres al darte cuenta que la crisis ha llegado a tu vida ¿Qué es lo primero que viene a tu mente?

"Estoy perdido"….. "Creo que es el fin…" "Yo sabía que lo bueno no dura…, o dura lo que un suspiro."

O miras la crisis como una oportunidad de ver algo más, de crecer, de ampliar lo que hasta ahora habías experimentado, de ver que hay mas delante de ti y tu estado presente no es el fin de tu vida, sino el principio de grandes logros que Dios te ha reservado.

Muchas personas han fijado los límites en buscar una vida con ausencia de problemas, se pasan toda la vida edificando muros, crean "ghetos" para refugiarse, buscando sus propios condominios privados para aislarse, construyen sus propios búnker creyendo que las complicaciones no llegarán y por fin tengan la paz que ellos buscan.

Permítame decirle algo: Paz no es la ausencia de problemas sino que la paz es producto de que en tu vida hay presencia de destino, de metas y propósitos divinos. ¿De que te vale saber donde estás sino sabes hacia donde te diriges? Esta pregunta que puede parecer sencilla es la imperceptible lucha que se desata en nuestro interior, tornándose en la mayor amenaza para socavar nuestros principios en lo que se refiere a las metas a alcanzar.

Lamentable y paulatinamente en muchas de nuestras acciones y actitudes nos hemos convertido en nuestros mayores enemigos. Entonces los pensamientos, viejos hábitos que se acumulan, aún costumbres culturales enraizadas en nuestras naciones desvían la ejecución de los planes que Dios tiene para contigo.

Comienza a despojarte de todo peso que no te permite comenzar y que te ha detenido en medio de esta carrera. Identifica ese lastre que causa molestia y que necesitas soltar para que –como si fueras un reluciente aeroplano- puedas despegar de la tierra.

¿De que está compuesto el peso del que vengo subrayando? De muchas cosas que debes rápidamente identificar y así despojarte de todo lo que conspirará o directamente te impedirá arribar a la meta.

Lo primero que debes de hacer es vivir la vida a la luz de la Palabra de Dios, no alcanza solo con escudriñarla, hay algunos que pueden casi recitarla de memoria pero evidentemente la misma Palabra no ha atravesado las paredes de sus corazones. Prueba de ello no son solo los religiosos que condenaron al Rey que decían esperar sino los que hoy pululan por los templos, por las calles, por las librerías y en todo ámbito que puedan dar a conocer sus "revelaciones".

Pero ahora volvamos a tu preparación porque a medida que vas entrenándote vas a identificar que lo que creías importante para ti ha dejado de serlo o se ha tornado verdaderamente importantísimo.Y al darte cuenta a que estás conectado con la fuente de la vida tendrás identidad segura y sólida.

También le ocurrió a Pedro, cuando por la revelación proveniente del cielo se conectó a la fuente de la vida. ... **Tú eres el Cristo...Mateo 16:16**. Pedro identificó por revelación del Padre que Jesús era el Cristo. Luego el Maestro trajo afirmación, destino y propósito a la vida de Simón: **y yo también te digo que tú eres Pedro,... (Mateo 16:18)**

Esto es lo que se adquiere definitivamente cuando hacemos nuestra parte como antesala antes de que llegue el Día esperado. Como le sucedió a Pedro, Dios nos habla, y esa afirmación crea en nosotros una fortaleza interna que nos ayudará a permanecer firmes en la manera que pensamos, actuamos y vivimos conforme a la verdadera formación que la Palabra de Dios nos ha dado.

No experimentamos formación e instrucción del cielo para desarrollar terquedad en nuestra manera se pensar, sino que aceptar este orden resultará en un fortalecimiento de todas la áreas de nuestro carácter.

Mucha gente enfrenta diversas crisis, pero algunas ven su fracaso casi como permanente y que siempre la vida le está restando oportunidades. Yo digo que la vida no te quita cosas sino que te libera de hábitos que son los verdaderos obstáculos para el curso que Dios ha trazado para todos nosotros.

La forma de encontrar fortaleza interior es a través de los procesos de quebrantamientos que enfrentamos día a día, pero si pretendemos eludir la formación, dichos procesos se trasformarán en obstáculos que obstinadamente queremos pasar por alto o buscar desvíos alternativos para lograr las cosas más rápidamente. Pero si entendemos que Dios es el que permite estas situaciones, indudablemente los procesos se convertirán en lo que podemos llamar la "Leve Tribulación" que producirá un eterno peso de Gloria.

Este verdadero sistema de aprendizaje nos llevará a desarrollar una extraordinaria intimidad con Dios y llevarnos a asumir la postura y la actitud de que sin Él nada podemos hacer. Al estar conectado con la verdadera fuente, un fruto tanto natural como espiritual siempre revelará de donde proviene o de donde saca los nutrientes.

El fruto da a conocer el valor que tienen los vínculos y las raíces que sostienen su vida. Hasta que no entiendas cuanto valor tienes en los planes de Dios tal como eres o como llegarás ser, solo estarás asignándote a ti mismo simplemente el valor que otros aprecien o crean que están en ti.

Esto te llevará a ser una persona cambiante ante las opiniones de otros, porque tu estado de ánimo y tu actitud están siendo condicionadas por lo que otros opinan de ti. Serás inconstante en tus caminos, porque nunca terminas de reconocer o admitir donde está tú propia fuente de nutrientes.

Si volvemos al ejemplo del maratón: dejarás la larga carrera y comenzarás a correr pequeños tramos, podríamos llamarlos "espasmos espirituales", rápida- mente, dejarás de percibir la meta porque solo estás buscando aceptación de los demás pero lamentablemente, te agotas, consumes tus fuerzas, gastas tus recursos. Entonces no demorarás en acudir al rincón del llanto y el lamento para convencerte de tus propias debilidades.

Jesús no fue la excepción. El también tuvo que correr una carrera. Algunos se atreven a teorizar con que Jesús vino preparado para enfrentar los desafíos que tenia delante y por ser Hijo de Dios ya venia con todo el plan trazado. Eso es especular y desconocer la realidad que Él era también Hijo de Hombre. La palabra lo expresa del siguiente modo:

**Y aunque era Hijo,
por lo que padeció aprendió obediencia.
Hebreos 5:8**

Su vida enfrentó grandes retos en medio de una sociedad marcada por la separación de culturas, la religión o mejor dicho los religiosos de aquellos tiempos que amenazaban a sus semejantes con dejarlos siempre cubiertos con un manto de culpabilidad y de condena, con el cual pretendían alejar a los hombres del propósito de Dios.

Visualiza todo el retrato de la vida de Jesús desde que nació: Belén, el pesebre, sus padres, la huida a Egipto, de nuevo en Jerusalén, un tiempo en Capernaum, otro en Cesarea de Filipos, el regreso a Betania, el Monte de los Olivos,... Todo en 33 años y medio de preparación hasta que Llegó el día de Correr como Vencedor.

Ese Día comenzó en el Getsemaní, Dios estaba buscando material divino en aquel sitio. Este nombre lo dice todo porque su significado habla de propósito: Getsemani significa "prensa de aceite". Permíteme preguntarte ¿Cuántos Getsemaní es posible que hayas pasado a lo largo de tu vida?

Si nos consideramos gente de propósito, constantemente estamos expuestos a pasar por ese Huerto porque es en el Getsamani, en el Monte de las severas pruebas donde se definen las cosas. O sigues a Jesús en el Getsemani o lo niegas; sales huyendo o dejas allí tus ropas y le sigues desnudo. Sales del Getsemani con Jesús o sales con Judas y la turba de gente. Getsemaní es el lugar de la definición, pero contrariamente a lo que pensamos no es el sitio del final sino el de muchos principios.

Verdaderamente el cuadro del Getsemani es sorprendente porque como una exquisita obra de arte siempre refleja la profundidad interna que el pintor deseó dejar a los ojos que buscan identificarse con algo para abrazar su destino y propósito.

Es entonces cuando podemos decirle al sufrido Maestro que deseamos esos caminos junto a Él, aunque muchas veces nos parezcamos más a Pedro que a ningún otro, pero decididamente anhelamos que la obra del Señor, como si fuera un bisturí en manos del experto cirujano, vaya desprendiendo todas las acciones, los pensamientos, las rebeliones y hasta las razones que nos desvían de la meta.

A esta altura de la lectura es bueno que conozcas qué cosas son las que están causando peso y de qué se ha llenado la mochila que cargas en las espaldas, las cuales no solo impiden correr con efectividad, sino que están asfixiando el propósito al cual has sido llamado.

Nadie duda que quieres avanzar, es posible que sigas corriendo pero ya no con la misma resistencia, todo se torna más pesado y esta situación está mellando tu trayectoria.
En el Getsemani de tu vida, "la prensa de Aceite" ha apretado, la presión ha ido en aumento, y te das cuenta que no puedes regresar del punto donde te encuentras.

Te sientes amenazado, porque has observado que tu propia carrera y tus logros están pendiendo de un delgado cordón. Cosas como la comodidad, lo desechable, lo banal, y lo instantáneo son la orden del día para aquellos que buscan la manera fácil de llegar a la meta pero indefectiblemente estas actitudes limitan el accionar y la trasformación que el Reino de Dios produce en quién lo acepta.

Por ceder a actitudes que nada tienen que ver con los principios de Dios viene el cansancio y el hastío, los cuales pone en juego y en peligro el proceso al cual estamos llamados a experimentar en medio de la carrera que estamos corriendo. Deberías preguntarte: ¿Donde Dios te dice que debes estar?

Es posible que no sea lo más cómodo ni los más bonito ni los más seguro donde te encuentras, pero debes saber que si estás en un lugar por obediencia a Dios, siempre resultará en gran recompensa para tu vida. Pero si adquieres una actitud de vida basada en el egocentrismo y el facilismo, dándole prioridad a la comodidad seguramente terminarás caminando y esperando ser el primero pero sin importar que sucede a tu alrededor o quién está necesitado de ti para sostenerse.

La comodidad no demanda, se tiene a la mano en cualquier sitio y en cualquier circunstancia, pero el hombre que conoce en quien ha depositado su vida y su confianza solo espera de Aquel que tiene verdaderamente todo bajo control.

Así también el buscar lo instantáneo es devastador, porque lo que porta el sello de inmediato casi siempre "quita tiempo de preparación y de cocción", lleva a las personas a saltar escalones, a evitar el horno de la prueba el cual casi todos saben que deben pasar pero como lo ven muy duro, muy caliente, prefieren el paso atrás, dar la vuelta, renunciar, abandonar.

Mientras tengas la manera de saciar tu apetito rápidamente, sin esperar, te estarás alimentado pero tarde o temprano las consecuencias se harán ver sobre tu salud y tu propio cuerpo. Ese es el negocio de comidas rápidas. Te han convencido que no hace falta la espera, que todo lo cocinaron para ti, para hacerte la vida más fácil, para que te sobre tiempo. Todo es rápido.

No hay tiempo para la espera, todo se cuenta en minutos.

Se ha probado que la comida rápida ha hecho tanto daño como las drogas. Gente cargada de sobrepeso por causa de la impaciencia, el ahora, ya, lo precocido. Resultado: miles no han logrado correr la carrera, otros exhaustos a un costado del camino no llegaron a la meta, optaron por lo fácil, lo que estaba al alcance de la mano, no sazonaron ni esperaron su comida. En definitiva las razones de sus urgencias y su apetito fueron más importantes que los valores y cuidados nutricionales.

Pero hoy estás percibiendo que hay un maratón por delante, que será de largo alcance, miras tu abdomen, el cinturón ya no alcanza, la balanza no miente, humm…tu condición no es la mejor, necesitas con urgencia un entrenador. Alguien que comience a identificar que tipo de gimnasia, de rutina física, de dieta necesitas para desarrollar el atleta que está en ti y que está pronto a largar la carrera. Despójate del peso, descarta lo innecesario y escoge lo que sabes que es adecuado y nutritivo para ti.

También están lo que desechan todo rápido. Cuando no hay resultados, no evalúan las razones, entran en el facilismo de dejar todo. Son los que tienen mentalidad de "CID" (Cómodo, Instantáneo, Desechable). Solo desean la cosa rápida y por no ver los resultados inmediatos lo desechan. Este tipo de actitud se ha extendido a muchas áreas de su vida.

Hay matrimonios "CID": no funcionan, no dialogan, no luchan, desechan la pareja.

Esta mentalidad "CID" ha hecho que gente con destino no lleguen lejos pero es en esa espera que Dios desarrolla el carácter del hombre.

Observa la claridad de la Biblia **"corramos con paciencia la carrera que tenemos delante"**. No dice que la corramos rápidamente. Sino que la corramos con paciencia.
Por falta de esa paciencia pasamos por alto el significado de todo el trato de Dios con nuestras vidas. No asociamos que lo pasado es parte de un plan más grande aun que nosotros mismos y que por lo general tiene que ver con generaciones.

Vayamos a la vida de José. Todo lo que pasó, también con sus hermanos, fue preparado, orquestado y diseñado en los cielos, porque lo que vendría era más grande de lo que el propio José podía imaginar. De sus lomos surgiría la salvación no solo para su propio grupo familiar sino que vendría gran parte de la identidad que una nación portaría a través de los siglos y la historia.

José se convirtió en corredor de largo alcance a los 17 años. Su entrenamiento y sus carreras cortas habían comenzado a partir de los sueños y visiones que Dios cargaba en él cada noche. Cuando dispuso su corazón a compartir lo que tenía de parte de Dios, indudablemente sonó el disparo que daba comienzo a su propia carrera, la cual pasó por desiertos, desprecios, burlas, abandonos, cisternas, rechazos, esclavitud, tentaciones, cárcel. Indudablemente se extendió en el tiempo, pero le hizo llegar hasta en el trono de Egipto.

Pasaron 22 años cuando los hermanos de José se presentaron ante él, ¿Era el final de la carrera? No, solo otra etapa, otra situación con distinto escenario.

José los reconoció, Dios estaba con José, siempre. De la misma manera debes saber que Dios está contigo, cubriéndote aún en medio de tu carrera, tal como lo hacen los asistentes que arrojan agua sobre el cansado corredor o el público que da aliento a los competidores. Fueron para José 22 largos años pero cargados de propósito en cada situación que ocurría. Pero para Jacob esos mismos 22 años fueron la noche más larga que un padre pueda imaginar alguna vez.

Jacob cambió, porque a la túnica de colores le sucedió el dolor de la noticia, su amado hijo estaba muerto, la dicha de su corazón ya no estaba, el manto se convertiría en una cruel prueba de que el dolor se había instalado en el corazón del anciano, creyó la mentira, aceptó que su hijo había sido devorado por una fiera. Recuerdo cuando me enteré que unos amigos habían estado involucrados en un accidente de automóvil a unas cuadras de donde yo estaba junto a mi familia. Rápidamente me monté en mi auto y fui hacia aquel lugar. La escena no era nada alentadora. En el accidente habían perdido la vida dos jóvenes también.

Fue terrible aquella noche. Pensé que nunca iba a terminar. Cada minuto la información cambiaba y no era para dar buenas noticias. Por ser uno de los primeros en llegar a la escena del accidente el retrato que observaban mis ojos, quedé impresionado por mucho tiempo. Verdaderamente fue una noche larga de tragedia y sufrimiento.

La noche de Jacob duró 22 años. Aquella mentira creada por sus hijos trastornó la vida del patriarca. Durante esos años la Biblia se refiere a Israel por Jacob; por su naturaleza carnal. Mientras en Jacob su vida se ahogaba en el dolor y en el sentido de pérdida, la vida de su hijo José era adelantada en el propósito.

¿No te has puesto a pensar que mientras te detienes a mirar tus frustraciones, tus dolores, tus soledades o sencillamente te distraes en tu carrera, otros avanzan? Pero a la vida del viejo Jacob llegó el despertar, la buena noticia, lo que nunca se había atrevido a pensar, lo que por tantas noches soñó, pero lo consideraba imposible, como iba a olvidar la sangre sobre el manto de colores, pero ese día todo había cambiado, José estaba vivo.

La respuesta de Jacob fue poderosa y contundente:
Entonces dijo Israel: Basta; José mi hijo vive todavía; iré, y le veré antes que yo muera.
Génesis 45:28

Ten presente que cuando te levantes de la noche de dolor, y dejes atrás el dolor de tu "Getsemaní" o el dolorido "Israel" que llevas dentro y comience a hablar la naturaleza ligada a Dios, al destino o al propósito para decirte: BASTA!!!... Levántate… no pierdas más tiempo.

Dios ha hablado, han traído la noticia. Lo que creías muerto está vivo, es real. Siéntelo latir otra vez dentro de ti, porque cuando entraste al trato de Dios todo pareció convertirse en un Getsemani, tan personal que no te detuviste para asociarlo contigo, solo te preocupó qué iba a pasar, cuanto dinero había en la cuenta o cuantos valorarían tus talentos, tus lágrimas te cegaron, no advertiste qué es lo que traería la acción del cielo a tú propia vida.

Quedarnos sufriendo nuestras desdichas en alguna esquina nunca resolverá algo, todo lo contrario, solo hará que sumemos penas a nuestros dolores. Si José hubiere tomado como personal lo que sus hermanos habían hecho no habría tenido otro camino que la justicia propia. La autoridad que le daba el cargo que tenía podía enviar a sus hermanos a la muerte. La venganza habría puesto fin a la historia de dolor destierro y sufrimiento.

Pero José no actuó como podría haberlo hecho cualquier hombre, al contrario, José continuó el curso de su carrera sintiendo y afirmando el propósito cuando vio a sus hermanos. Así lo que había ocurrido lo llevaría a la meta, donde en su propio "Getsemani" seguramente la prensa iba a sacar el aceite más puro para ser pasado a todas las generaciones que vendrían luego.

La historia de José es una de las tantas historias en la Biblia que hablan de lo que es una carrera de largo alcance. A través de la misma vemos como Dios fue librando a José del peso, las tragedias y los obstáculos de su carrera.

Después de esos 22 años José no finalizó su marcha, solo una etapa, tal vez la más destacada en su historia. Este es el tipo de carrera que no tiene fin, solo alcanzar la meta es glorioso, porque la evidencia es pasada de generación a generación.

...y vivió José 110 años. Y vio José los hijos de Efraín hasta la tercera generación.
Génesis 50:22-23

Otro gran "atleta" de carrera fue Abraham. Una de las cosas que causaban sobrepeso posiblemente hayan sido sus tradiciones por ese motivo Dios le dijo que saliera de su tierra, que se aleje, que marche a lo nuevo, aunque lo que estaba delante haya sido la gran confrontación para su vida y su alma.

Abraham corrió con el peso correcto, porque no le faltaron equivocaciones pero supo volver a la senda, aprendió a escuchar al Dios que le había dado la orden de partida.

Ester, fue otra de las "atletas" de la Biblia.
Ella supo entender las palabras: "Para una hora como esta has subido al trono"… y estas son las declaraciones que solo se anidan en los corazones de aquellos que están dispuestos en la línea de largada, esperan la orden, repasan el entrenamiento, han aprendido a descartar y liberarse del sobrepeso, saben que aún con obstáculos, cuestas hacia arriba, avanzan, no retroceden.

En definitiva: han aprendido a marchar con el peso correcto.

Capítulo

4

Oh Señor dame un hijo que sea lo bastante fuerte para saber

cuando es débil y lo bastante valiente para enfrentarse a sus temores, uno que sea orgulloso y firme ante la derrota justa, y humilde y gentil en la Victoria – General Douglas MacArthur

La Buena Rutina

Cada deporte tiene una disciplina a seguir. Con cada disciplina hay una rutina que va llevando al atleta al punto deseado para así estar preparado para el día de la competencia.

Es sorprendente saber que para llegar a una Copa Mundial, los equipos vienen jugando juegos de preparación por espacio de dos años. Por ser el fútbol un deporte que apenas se practicaba en el Caribe, debo reconocer que no tenía demasiado interés en el mismo pero al estar pastoreando una iglesia con diversidad de culturas he llegado a gustar del mismo.

Es interesante como esos jugadores se preparan para estar la mayor parte del tiempo corriendo, pero lo sorprendente es que un encuentro dura 90 minutos. Para llegar a ese punto, la rutina de cada uno no se compone de simples ejercicios, sino de toda una preparación aeróbica y muscular impresionante, la cual demanda muchísimo tiempo, sacrificio y mucho esfuerzo.

Con solo mirar uno de esos encuentros nos damos cuenta que la rutina que llevemos es la que determinará el producto final, no es solo tomar un balón y hacer exhibiciones, sino prepararse en lo secreto, en lo íntimo, hará que cada uno alcance la dinámica a la cual es llamado.

En nuestro diario vivir hay rutinas generales que debemos seguir pero que no afectan nuestro destino. A modo de ejemplo podemos citar el bañarnos, nuestros modales, como nos alimentamos y aun nuestra nutrición que nos dará una buena condición física. Pero hay otras rutinas que si no las detectamos rápidamente nos pueden desviar de nuestro curso. Esas prácticas deben ser descartadas, hay que tomar la determinación de salir de ellas. Recuerda que como nadie puede entrenarse por otro, nadie puede quitar lo que en ti se ha tornado dañino.

Hay que enfrentar esta realidad de la misma manera que acontece cuando consultamos a un médico, y luego de los exámenes pertinentes nos sugiere que dejemos ciertos hábitos o la salud podrá complicarse, en verdad nos está aconsejando optar por una rutina diferente a lo que veníamos haciendo.

Básicamente te da un cuadro clínico y si sacamos fuerzas para cambiar la rutina negativa, sabemos que arribaremos a nuestro destino. Algunos doctores son bien dramáticos, casi sus palabras suenan más afiladas que el bisturí de algún colega, pero es bueno que sea así, porque necesitamos ver bien el retrato para tomar las decisiones que nos lleven a desarrollar buenos hábitos.

Así mismo le ocurrió al actor norteamericano Jerry Lewis. El doctor le dijo que si volvía a tomar otro cigarrillo iba a morir. El doctor acompañó esa declaración llevando a Jerry a la morgue del hospital y dejándole ver un cadáver que había muerto por el mismo hábito que el tenía.

Tener delante ese cadáver y ver la realidad de lo que podría ocurrir le cambió la vida, añadió años, le dio calidad a sus días y el propósito de Dios siguió en Jerry sin ser interrumpido. Puede pensarse que es violento o demasiado drástico pero lo cierto es que muchos deberían confrontarse con la "morgue" de su situación, y así tener un cambio de rutina en los hábitos y acciones incorrectas que los están esclavizando, proyectando un permanente aire de fracaso en todo lo que emprenden.

Las rutinas se conforman y son el producto de la sucesión de decisiones que adoptamos, es inevitable que si en verdad hablamos de que estamos en un verdadero entrenamiento, también debemos tener por cierto que nuestro tiempo de aprendizaje se interrumpe cuando las rutinas que practicamos no contribuyen a nuestro avance.

Pon atención a como se encadenan las siguientes palabras: Buenas palabras producen buenos pensa- mientos. Buenos pensamientos producen buenas emociones. Buenas emociones producen buenas decisiones, las que finalmente producen buenas acciones y cuando estas son continuas se convierten en rutinas que nos llevarán a tener buenos hábitos. El resultado de estos hábitos es parte de lo que conformará nuestro carácter. Siendo, ese el sitio donde Dios nos quiere hacer reflexionar.

Ahora cuando los hábitos son producto de una rutina negativa, es afectado todo el ser, incluso sus pensamientos que se trasformaron en negativos nunca contribuirán a alcanzar las metas ni siquiera a hacernos caminar en busca de los objetivos.

Esta tendencia, cuando provoca hábitos se verá reflejada en que ante cualquier eventualidad se responde negativamente, lo que resultará en una persona cargada de reacciones. Cuando las respuestas negativas son la constante, y si se enfrenta algún tipo de problemas siempre se dejará de crecer porque se lleva el foco de la acción a defender el dolor pero no a producir una evaluación de las posturas para decidirse a hacer las mejoras en las conductas.

Vince Lombardi, técnico de football Americano, dijo en una ocasión: *"Ganar es un hábito, así como perder; ganadores tienen el hábito de hacer cosas buenas; perdedores las complican."*

La Palabra de Dios nos llama a prosperar en todo lo que hagamos. Esta palabra se conecta con éxito, pero el alcanzarlo no es una obra de magia. No viene instantáneamente. Es el producto de una seria de acciones que nos llevan al mismo. Gente de éxito –generalmente- es gente de acción.

Una persona puede tener visión pero no pueden ver el final de la obra porque el mismo no se ha determinado a entrar en acción, seguramente es porque no se ha creado el hábito que se te formó a partir de correcta rutina y así llegar a ser lo que Dios ha propuesto que seas. Parte de la vida no es solo creer sino tener acción. Si la acción no es correcta es porque ha habido decisiones incorrectas.

Muchos comienzan algo en la vida pero son pocos los que terminan. Si no se cuida se entrara en rutina que paralizarán y llevarán a la persona a un estancamiento en el curso a su destino.

Debes ver que es lo que está provocando tus acciones y tus reacciones, porque algunas de ellas pueden ocasionarse en el dolor, la revancha, los rencores, las venganzas, el afán de ser reconocido o el querer pasar desapercibido. Todo está bien cuando vamos al dentista, nos sentamos cómodos en el sillón, hasta que se siente el dolor. La presión nos hace cambiar. En tu trabajo si el jefe te dice que si no mejoras tendrá que despedirte pero es allí donde posiblemente comenzarán a verse los cambios que otros quieren ver en ti.

Pero, ¿qué te hará cambiar realmente? ¿Cómo puedes salir de rutinas que no te hacen llevar una vida fructífera? Primeramente para romper una rutina sin fruto es necesario tomar responsabilidad sobre tu propia vida. Debes reconocer que en la vida hay tres tipos de personas: los que acusan, los que buscan culpar a otros de sus fracasos y los que siempre se excusan con el solo fin de justificar sus frustraciones.

Pero también hay un cuarto grupo y es el de los que escogen. Aquellos que toman una decisión tal como lo hizo Josué porque cuando se encontró ante el pueblo, los confrontó diciendo que él y su casa servirían a Dios, esa era su voluntad, no importaba si le acompañaban o no, él ya había resuelto que hacer con su vida.

...pero yo y mi casa serviremos a Jehová.
Josué 24: 15

Josué conocía su propósito, lo entendía, era parte de su ser y por eso a pesar de las luchas o las dificultades sabía adonde se dirigía. Lamentablemente hay muchos cristianos que conocen que cargan hermosos propósito, gloriosos llamados sobre sus vidas pero no entienden como opera y que significado tienen sobre sus propias vidas. En lo natural casi todos poseemos un teléfono celular pero tal vez deberíamos preguntarnos si entendemos completamente el modelo y las funciones de celular que ajustamos cada día a nuestros cinturones.

Mientras no lo hagamos, sabremos tan solo que sirve para comunicarnos, pero no la totalidad del propósito que tuvo el fabricante al dotarlo de tantas virtudes. El sabio Salomón dijo que sobre todas las cosas deberíamos de adquirir entendimiento:

> **Sabiduría ante todo, adquiere sabiduría.**
> **Y sobre todas tus posesiones**
> **adquiere inteligencia.**
>
> **Proverbios 4:7**

Indudablemente el saber trabajar las cosas te dará confianza. El entendimiento no es algo más en nuestras vidas sino que invariablemente nos proporciona definición a nuestras vidas. El saber como se desarrollan las cosas nos dará confianza en como estamos caminando todos los días.
El que entiende poco, está limitado, pero el que busca sabiduría sabrá ensanchar los límites, vivirá mejor.

La gente ha vivido sola, le han enseñado mal, su aprendizaje fue parcial, los resultados son mezquinos, estrechos, sin superación, porque cuando hay mala información aparecen las tragedias de vivir vidas equivocadas.

Un mediodía junto a una fuente de agua Jesús le dijo a mujer samaritana:

> **Si conocieras (entendieras) el don de Dios,**
> **y quien es el que te dice: dame de beber; tú le**
> **pedirías, y él te daría agua viva.**
>
> **Juan 4:10**

Aquel día, el Maestro cambió la dinámica de la conversación, porque en realidad le dijo a la mujer que si entendía lo que estaba ocurriendo y con quien hablaba.

El "dame de beber" era solo un detalle anecdótico porque curiosamente ella sería "la sedienta", la que pediría agua aun teniendo la vasija para sacar agua.

Así es el drama y la tragedia de muchos hoy. Tienen todo el equipo pero no entienden el para y el porqué lo tienen y como esa mujer, su vida se trasforma en rutina, yendo todos los días a la misma hora a sacar agua, pero ese agua no traía ninguna satisfacción a ella. Solo era un acto repetido, mecánico, vacío, cargado de costumbre, no había vida en lo que hacía esa mujer, y aunque buscó compañía, sus elecciones también se habían convertido en frustraciones e infortunios: "**...cinco maridos has tenido,...**" Pero ella seguía su porfiada rutina, seguramente sus lágrimas le acompañaban por eso Jesús la confronta con lo más íntimo, "**me dijo todo lo que he hecho**". Era el tiempo del cambio, de dejar atrás lo viejo para extenderse a una vida nueva cargada de propósitos y motivos para vivirla. Escoger hacer la diferencia, decidir a trazar diferentes rutinas es lo que aportará nueva vida y realización a nuestros días.

George Washington Carver, agricultor, educador y científico norteamericano. Nació como esclavo en el año 1864 pero eso no le impidió demostrar que más de 300 productos podían derivarse del maní; dando de este modo lugar a que la industria del maní mueva más de 200 millones de dólares en 1938, solo en Alabama. ¿Porqué lo hizo?, porque no sabía de palabras tales como frustración, límites, no vale la pena, pero además las excusas, estaban fuera de su vocabulario.

Refiriéndose a los pretextos dijo en una ocasión: "El 99% del fracaso en las personas viene de aquellas que han desarrollado el habito de excusarse. La otra cosa que debes hacer para romper con una rutina -que no te lleva a ningún lado- es creer que vas a cambiar, que es posible y que todavía hay tiempo para hacerlo. Tal actitud determinará tu habilidad y esto reprogramará donde todo comienza: ¡tu mente!

Si renuevas tus pensamientos tendrás "proporción divina" dentro de los mismos. Los pensamientos de Dios producirán nuevas emociones pero fundamentalmente nuevas acciones. Recuerda que al final de la carrera lo que desea Dios es que seas una persona de carácter.

Profundicemos más esta palabra.
En verdad parte del carácter es determinado por la gente con la cual te rodeaste y las palabras que permitiste que le dieran forma a tu manera de pensar.

En gran medida el carácter fue determinado por los dichos –apropiados o no-, palabras que oímos o que nos impusieron tenazmente las cuales dejamos se instalen en nuestra mente.

Pero Jehová había dicho a Abram:
Vete de tu tierra y de tu parentela, y de la casa de tu padre, a la tierra que te mostraré.
Génesis 12:1

Evidentemente, Dios le dijo al patriarca que saliera del lugar donde otros le estaban dando forma a sus pensamientos y que de ahora en adelante permitiera que fuera el mismo Dios el que haga nuevas todas las ideologías que compondrían las estructuras mentales del padre Abraham.

Una definición correcta de carácter cristiano es hacer lo que es correcto no porque el mundo lo diga o lo señale sino porque esta basado y trazado por la Palabra de Dios. **"No solo de pan vivirá el hombre, sino de toda la palabra de Dios". Lucas 4:4**

¿Por qué hay gente que hace las cosas incorrectamente? En realidad no es porque hagan algo sino porque ya vienen desarrollando, afirmando y creyendo en una cadena de pensamientos erróneos cuyo fin los lleva a tener acciones desacertadas. Entonces nos damos cuenta que no solo es problema de voluntad sino que la fuente donde emanan los principios de sus conocimientos es la equivocada.

Cuando Dios acude al encuentro de Adán y Eva no les reclama en primer lugar el porqué de haber comido del árbol prohibido sino que les indagó acerca de**...quién te enseñó que estabas desnudo? (Génesis 3:11)** En otras palabras, ¿De dónde provino y quién fue la fuente de esa información? Dios no tiene problemas con tu conocimiento. Lo que Él cuestiona es de donde lo adquieres, porque si no proviene ni hay evidencia que sea de Él, entonces lo que hagas no tiene ninguna validez para Dios.

Es allí donde la declaración bíblica suena como un trueno en medio de la montaña:

> **Y entonces les declararé: Nunca os conocí; apartaos de mí, hacedores de maldad.**
> **Mateo 7:23**

Recordemos que Dios en esta porción de la Escritura no cuestionaba los hechos, porque los mismos estaban de acuerdo a lo que el mismo Jesús había enseñado con respecto a la liberación. Lo que el Maestro disputaba era la fuente de estos hechos y cuales eran las razones que los motivaban a hacerlo. Llamó a esta gente hacedores de iniquidad, porque la fuente que les proveía era su propia gloria; lo hacían para ser vistos por los hombres.

También vivimos los días donde el reconocimiento humano y la gloria del mismo han hecho de lo sagrado un espectáculo, así la gente está perdiendo el sentido de lo que es el ministerio. El llamamiento nunca debe ser el fruto del deseo de reconocimiento, sino que al provenir de Dios te será impartido en tu devoción y relación personal con Dios.

Por eso cuando no se tiene carácter todo se pasa por alto, se pisotea lo santo para convertirlo en profano. El carácter no solo es hacer lo correcto, sino hacerlo correctamente, en la forma que Dios lo aprueba. Cuando haces lo que es correcto, traes prosperidad y liberación no solo a tu vida sino a todos lo que te rodean. Permíteme darte un ejemplo que sé que te ha tocado vivir.

Te has encontrado en un momento cuando la cajera del banco o del supermercado se turbó y te dio vuelto de más, -unos $20 o $30. Tristemente he visto y escuchado casos donde la gente ha testificado diciendo que Dios vino a visitarlos porque necesitaban dinero y ese fue la provisión de cielo para ese día.

Perdone lo que le voy a decir pero mi Dios no da ese tipo de "regalos", quitándoselo a uno para entregárselo a otro. Usted no sabe lo que acontece, ni lo que le está sucediendo a esa cajera que la llevaron a cometer el error, pero hasta es posible que esa pequeña tragedia le cueste el empleo.

Dios no es un Robin Hood, no saca a uno para darle a otro, no satisface a uno para poner en llanto a otro. Debemos aprender que si la persona tiene un carácter formado y aprobado por Dios devolverá el dinero, no quedará con lo que no es suyo, entonces al final del día el sufrido cajero cuenta el dinero de la caja, glorifica al Señor porque una persona como usted hizo lo correcto, cubrió su error y mañana podrá regresar feliz a su empleo.

Dios promociona, hace avanzar a los hijos con carácter, pero nunca te levantará mas allá de los limites de tu carácter. Debemos reconocer y entender que todo se detiene cuando el carácter tiene barreras. Hasta que no manejes esta área de limitación no verás incremento en otros sectores de tu vida. Si observas que no hay incremento en tu vida o los caminos parecen bloqueados por todos lados, mira no solo el nivel de carácter, sino el estado de tu relación con Dios. El carácter nos delimita, porque es el eje desde donde regulas que puedes tener y soportar para administrar tus propias riquezas, sean estas espirituales o materiales.

Los conflictos aparecen, vienen pero nunca se manejarán correctamente hasta que el carácter maduro, equilibrado y temeroso de Dios no se levante en ti. Hay una diferencia muy marcada entre tener carácter y poseer talento. También es diferente tener carácter y ser una persona jovial. Estas personas actúan de cierta manera, hablan de cierta manera para lograr lo que desean, se visten como jóvenes aunque peinen canas. Pero la persona de carácter, es genuina en todo tiempo, no tiene cambios, se halle sola o ante una multitud, ante Dios o ante los hombres. Así es ser una persona veraz, íntegra, sin doble mensajes. La Palabra de Dios está conformada de personas que fueron formando su propio carácter conforme a lo que oían de Dios.

Daniel fue uno de ellos. Demostró carácter aún en lo que comía. Escogiendo lo correcto para su propio cuerpo. No tan solo comió lo sano sino que habló la verdad a sus autoridades. Daniel también mostró carácter en su vida devocional, así desarrolló su vida de oración y no cambió aún cuando esto le podía costar la vida.

Cuando Daniel supo que el edicto había sido firmado, entró en su casa, y abiertas las ventanas de su cámara que daban a Jerusalén, se arrodillaba tres veces al día, y oraba y daba gracias delante de su Dios, como lo solía hacer antes.
Daniel 6:10

El demostró a través de su carácter que orar era lo que sabía hacer. Él no cambió por las circunstancias, siguió haciendo lo que acostumbraba sin detenerse a pensar lo que podría resultar su desobediencia al rey.

La tercera cosa que debes hacer para salir de una vida sin fruto es no tratar de hallar las "circunstancias ideales". Hay personas que buscan el clima correcto para actuar, el día anhelado para hacer, la noche soñada para soñar...estas situaciones se ven mucho en ciertas parejas: se miran los ojitos, aclaran su voz y dejan salir casi un suspiro..."Te Amo"...y para completar el romántico cuadro dicen: "Cuando todo vaya bien iremos en un crucero hacia Hawai"... y si la luna nos acompaña...caminaremos bajo las estrellas en la playa"..."y seremos felices"...

Pero muchas de esas personas tienen un síndrome muy peligroso, muy común por estos días que se llama: ¡Cuando Tenga! Los tales creen y hacen creer que cuando tengan serán más generosos, cuando tengan la casa más grande serán mas felices, cuando tenga el auto más grande iremos a tal sitio, cuando tenga... lo que hoy no tengo... entonces..., ¡Que engaño!

Debes cuidarte de esa actitud perfeccionista. No es que no busquemos hacer mejor nuestro entrenamiento, pero si adoptamos el pensamiento de no hacer hasta que tengamos, terminaremos haciendo nada, porque nunca las situaciones son las ideales, siempre tendremos que buscar de y a Dios para poder realizarlas.

Por último ejercita tu cuerpo. Prepárate para el esfuerzo, porque en esa disciplina se formará definitivamente tu carácter, ese que te hará arribar a la meta. En estos días muchos están o parecen cansados, pero la realidad es que no tienen fuerzas para buscar el cambio. La fatiga es tragedia porque anula y es la causa
número uno de la procrastinación*.

Recuerda que Dios hizo el cuerpo para movimiento y la actividad. Cuando te sientes bien, actuarás bien, indudablemente tu carácter se está alineando con el de tu Creador.

---

*La **procrastinación** (del latín: *pro*, adelante, y *crastinus*, referente al futuro) es la acción (o hábito) de postergar actividades o situaciones que uno debe atender, por otras situaciones más irrelevantes y agradables.

Capítulo 5

El hombre pinta con su mente no con sus manos.

Michelangelo

Resiste!!!

Cuando hablamos de resistir es posible que imágenes vengan a tu mente y como si fuera una película de acción donde uno de los protagonistas resulta herido y alguien en la escena le dice: "resiste", "estamos contigo"; "no te abandonaremos ".

Sucede que en los momentos de máxima tensión siempre hay espacio y oportunidad para esa palabra: ¡Resistir!, que a su vez resulta muy asociado con otro verbo no menos dramático: ¡Sufrir!

Cuando se habla de dolor y pruebas; todos hacemos lo que esta a nuestro alcance para evitar pasarlo, no nos es grato, a nadie le gusta el sufrimiento por pequeño y pasajero que sea o tan solo parezca. Solo el hecho de pensar en dolor casi siempre conlleva la alternativa y la idea de la anestesia. Recuerdo cuando junto a mi amada esposa nos hablaron de tomar clases de parto sin dolor para prepararnos para la llegada de nuestro hijo.

Fue interesante y de mucho estímulo el saber que esas clases se ofrecían en especial a padres primerizos. Después de unos meses de preparación llego el día de "poner en práctica" todo lo aprendido.

Aunque algunos futuros padres se asusten un poco, debo decirle que después de aquel día es para mi bastante difícil aceptar que hay algo "parecido" a parto sin dolor.
Luego de aquella gran noche, de muchos gritos y grandes esfuerzos de parte de mi esposa se me ocurrió

preguntarle acerca del dolor. Su respuesta fue inmediata: ¡El dolor siempre estuvo allí, nunca me abandonó!, así me di cuenta que fue posible superar aquel momento porque la diferencia estuvo en resistir.

Aunque preferiríamos dejarlo para otro día la realidad es que deberíamos prepararnos para resistir el dolor, cuando este se presenta.

Veamos el ejemplo de Cristo. Recuerda que ÉL como hombre, tenía inquietudes, dolores, situaciones de máxima tensión. Cuando nosotros vamos a enfrentar el dolor, las emociones envían su mensaje al cerebro y también al corazón, "al centro de operaciones" y nos dicen: "Debes evitar que te duela", "pasa por alto la prueba".

Nadie anhela el dolor, el sufrir, es algo que siempre vamos a mirar de costado, queriendo que sea rápido, nadie quiere estar bajo la presión del sufrimiento por un segundo más del que le toca o necesita (recuerda tu última visita al dentista)

Cuando niño había un suceso muy particular que se repetía varias veces: los doctores parecía que resolvían todo con inyecciones. Si había fiebre o cierta infección, allí iba una buena "aguja". Cada vez que aparecía un síntoma en mi cuerpo, mi madre llamaba al médico y el resultado ya lo conocíamos: ¡una inyección!

Pero llegó el día que esta situación se convirtió en drama. Yo corría por toda la casa con tal de no sentir ese dolor. Pero a decir la verdad por mucho que me esforzaba no podía correr mucho, siempre me atrapaban y cuando lo hacían entonces me ponía rígido como una estatua.

Recuerdo que el doctor me decía: "Si te pones tieso... puede ser peor...hasta creo que alguna vez vi dibujada una pequeña sonrisa en su cara....

–Así que coopera conmigo y relájate.– pero yo advertía que todo se ponía más tenso... ¡ahora si que su sonrisa se había ido!

Casi era vergonzosa esta escena, pero era la manera – mi manera- de enfrentar los momentos de dolor. Es aquí donde quiero hacer un alto para recordar la "invalorable" ayuda de mis hermanas, eran parte del "evento", ayudaban al doctor a sostenerme... claro... que a ellas la sonrisa casi siempre le ocupaba casi todo el rostro.

Cristo tenía emociones, pero nunca permitió que esas mismas emociones lo condicionaran. En esta carrera de largo aliento que estamos transitando no deberíamos dejar de correr por el miedo al dolor que la misma carrera, la prueba o las contrariedades puedan producir en nosotros.

Porque al permitir que el hombre natural "envíe" este tipo de señales y mensajes a nuestras emociones se produce una verdadera rendición ante cualquier desafío que se pueda presentar en la vida e inevitablemente seremos afectados por una verdadera parálisis que nos impedirá avanzar. Buscaremos otra manera de terminar la carrera, procuraremos un alivio inmediato o "mágico" al dolor que sentimos.

Hay algunos que han abandonado la carrera porque cuando se presentó el dolor buscaron un paliativo, un "analgésico" inmediato. No asociaron que las circunstancias dolorosas en las que estaban siendo probados era el método para que su vida sea llevada a otros niveles de relación con Dios y con su Reino.

Estas personas están cargadas con grandes promesas, aún palabras proféticas dadas a sus vidas, pero pasan los años y parece que nada se concreta en sus días. Esto sucede porque al enfrentarse con el dolor optaron acudir a la anestesia que los llevaría a no tener dolor; se volvieron insensibles, prefieren quedar a la vera del camino, tomar atajos, vivir en estado "vegetativo", solo observando o lo que es más triste todavía admirando y exhibiendo sus propias heridas.

Aunque describir el término sufrir es una tarea muy amplia, podemos coincidir que ahora tenemos una idea bastante clara de su significado, por lo cual aproximándonos a la vida del Apóstol Santiago vemos como lo sufrido derivó en grandes cambios. Los sufrimientos de Santiago eran de placer y gozo porque había entendido que el Señorío de Dios estaba sobre todo lo que le podía estar sucediendo, sea bueno o malo.

El apóstol cruzó el puente, simbólicamente hablando "se instaló" en otra dimensión, porque vivió los sufrimientos no como una tragedia sino como una manera de acercarse a Dios. **"Tened por sumo gozo, hermanos míos, el que os halléis en diversas pruebas."**
Santiago 1:2 (B. de las Américas)

Santiago consideró todo con mucho gozo porque se encontraba posicionado en la experiencia del Cristo, reconociendo que Cristo era la esperanza de Gloria. Santiago aprendió a ver el sufrimiento de la manera que Dios lo ve. Es una posición de resistir en medio de la carrera, aunque todo sea adverso debemos darnos cuenta que en Cristo hemos alcanzado la posición que necesitamos para continuar en pie, aún en medio de las pruebas.

Santiago aplicó de manera personal el sufrir, considerando la dignidad en resistir y a partir de allí escribió como podía ser la aplicación a la vida del cristiano. Lo que el apóstol veía como sufrimiento actual resultaría en gloria para otros. En lo personal el sufrimiento tiene también como propósito el estrechar vínculos y relación en la familia, por eso considera tu prueba como señal de algo que va a impactar de manera positiva a los que te rodean.

Así tus dificultades personales pueden servir como un testimonio vivo de que Cristo habita en ti y tu resistencia individual podrá producir marcas tanto en tu vida, en tu espíritu o al ministerio al cual has sido llamado. Santiago no se detuvo en una circunstancia o una eventualidad de sufrimiento sino en muchos sufrimientos.

Posiblemente su vida requería de pruebas y muchas congojas, porque casi siempre el grado de angustia y apretura estará marcando el grado y la demanda de tu llamado y unción.

*Lo segundo que aprendemos de la vida de Santiago es que no todos sufrirán al mismo grado.
Recuerda que para no perder el concepto y aplicarlo correctamente debes ver el sufrimiento como el resistir.
Nota bien: que son muchos sufrimientos… pero una la gloria. Muchos corren la carrera…pero uno solo se lleva el premio.

Recuerda que:
"Todas las cosas cooperan para bien"… Romanos 8.28

Todas las cosas son todos los momentos donde te ves claudicando, pero sacas fuerzas, resistes, el sufri- miento te ha ido capacitando, pero no es que te haces fuerte en tu misma confianza sino que curiosamente te haces fuerte porque cada día confías más y más en El que ha prometido llevarte hasta el final de la prueba.

*Lo tercero que debes tener presente es que todo proceso es una transición, que inexorablemente tendrá fin.

El apóstol Pablo decía que debíamos mirar las cosas de arriba, las cosas eternas. Esto es una experiencia…no un es un fin…La dificultad, la prueba o el sufrimiento son parte de un desvío que forman parte del presente, no son estados definitivos. No hay una condición permanente sino una transición, que te lleva al destino de gloria que Dios tiene reservado para ti.

El mismo Pablo declara:

**"esta leve tribulación…
causa más peso de gloria"**
2Corintios 4:17

Las crisis y los sufrimientos del cristiano no tendrían valor ni sentido si no habría un estado de mayor gloria. Hay personas que sufren y no terminan de explicarse ni las razones ni los motivos por los cuales están sufriendo, eso les sumerge en un abismo, porque están viviendo algo en lo cual no encuentran sentido alguno de lo que están soportando.

*El cuarto asunto que debemos aprender es que el sentido de sufrir, de dificultad y de prueba pierden su importancia si no tenemos o no anhelamos una meta por alcanzar. Si no hay línea de llegada, la carrera se vuelve vana, es un manotón al aire, no hay motivación para correr el maratón.

Si al final el resultado del sufrimiento no es glorioso no es digno de ser considerado.

Debes valorar que tu gloria es tu dignidad...no es sufrir por el hecho de hacerlo...Es adonde te llevan las circunstancias adversas no por donde o como las pasaste.

Hay personas que se encierran, se quedan atrapadas en una permanente lucha, no avanzan. No claudicaron pero se frenaron. No pueden o no quieren llegar a donde el proceso las estaba llevando. Resignaron la meta, ignorando que la gloria te lleva a una posición como hijo. El Señor Jesucristo lo declaró:

**"La Gloria que me diste
yo se las he dado."**

Juan17:22

Es curioso este texto. Es para detenernos por un momento: El Mismo Dios declaró que no compartía su Gloria con nadie.

¿Cómo es que ahora Jesús hace semejante declaración? Es porque Jesús tuvo autoridad de compartir y expandir, fue su posición de Hijo y la relación que nunca abandonó con el Padre.

Hay una Gloria esperándote. Una posición inconmovible de hijos de Gloria que resisten hasta obtener el resultado dado por el Padre antes de la fundación del mundo. Recuerda que tu grado de sufrimiento, de prueba o de dificultad siempre estará marcado por aquello que tu mismo quieres alcanzar o lograr. Tu resistir te llevará a la formación y la perspectiva correcta para así adquirir lo deseado por el Padre para tu vida.

Cuantos por no resistir y ajustarse están en una especie de "limbo" espiritual. Resistir es la orden del día para la carrera en la que te hallas participando. Así por falta de resistencia muchos están dando vueltas, han quedado varados, sin poseer aquello para lo que fueron diseñados y llamados, viendo pasar la promesa o con mayor liviandad aún, se atreven a saludarla de lejos.

Debemos considerar este tiempo como un verdadero proceso, un tiempo de resistencia, que no es un estado de sufrimiento eterno. Es la oportunidad que nos brinda el cielo para que crezcamos, que desarrollemos las capacidades innatas y espirituales con las cuales Dios nos ha provisto.

*El quinto principio: Todo en lo natural se manifiesta en orden de tiempo y ocasión. Todo comienza en Dios y termina en Dios. Tú y yo estamos en Dios, durante el proceso que Dios "instala" y determina sobre nuestras vidas.

**Porque de él,
y por el, y para él,
son todas las cosas…
Romanos 11:36**

Tres cosas observamos de este texto: **"de él"**, habla de procedencia; **"por él"**, habla de proceso; **"y para él"**, nos envuelve en su propósito. Dios ha determinado pasado, presente y futuro para nuestras vidas.

Cuando tú consideres que lo que hay por delante es más grande que tu sufrir, el valor de tu dignidad se elevará sobre toda situación por trágica o adversa que parezca.

Si no tienes algo mayor para comparar con lo que estás pasando te resignarás al momento y el sufrimiento no tendrá valor ni sentido.

*Sexto principio:
Aunque nos asombremos es valedero que consideres que tú mismo eres "material de sufrimiento" para exhibir Gloria.
Por eso es que tú no puedes dejarte seducir ni opacarte por el barro que contiene el tesoro. En ti hay una gloria que las circunstancias de la vida han tratado de cubrir con lodo.

Antiguamente los reyes cuando conquistaban una ciudad, entraban a los templos para llevarse todos los utensilios de oro, luego los derretían y los almacenaban en vasijas y tinajas de barro. Pero cuando esos mismos reyes querían exhibir sus riquezas, lujos y tesoros quebraban las vasijas, dejando a la vista de todos los valores de lo atesorado en las cámaras reales.

Recuerda: La dignidad de tu sufrir presente es lo que Dios querrá exhibir en el futuro.

…"**aun no se ha manifestado lo que hemos de ser pero sabemos que cuando él se manifieste seremos semejantes a él…**"

1 Juan 3:2

Capítulo

6

Cambios no necesariamente aseguran progreso;

pero progreso indudablemente requieren cambios. -
　　　　　　　　Henry Steele – Historiador y Autor

Posición Para Correr

Durante el tiempo que mi hijo Isaac era instruido en técnicas deportivas, pude observar que cada movimiento que ejecutaba requería de una determinada postura así desarrolló una posición específica para cumplir con los pasos adecuados.

Para mi era de gran inspiración y enseñanza el estar allí dando mi apoyo y motivación en medio de sus clases.

Isaac debía procurar afirmarse en la posición correcta para asegurar que el siguiente paso sería el apropiado. No debe ser menos para nosotros el Reino de Dios. Debemos procurar estar colocados correctamente para expresar en nuestras vidas lo que estamos llamados a manifestar.

El apóstol Juan declara que ahora somos Hijos de Dios pero que aún no se ha manifestado lo que hemos de ser.

Las preguntas que deberíamos formularnos son: ¿Si somos y nos consideramos hijos, que es lo siguiente que hemos de exteriorizar? ¿Habrá algo más que esperar? ¿Solo queda tiempo y espacio para ser llamados hijos?

Tendremos las respuestas más adelante. Lo importante es estar alineados y en las posturas correctas para poder correr como Dios quiere que lo hagamos.

No hay cosa más terrible que estar conduciendo un auto y el mismo esté desalineado.

Su tren delantero comienza a vibrar. Se dificulta el avance.

Las llantas delanteras sufren, se desgastan, la estabilidad del auto en la carretera no es precisa, haciendo que constantemente el auto tienda a desviarse. Para evitar eso algunas personas reducen la velocidad, por la fuerza tratan de mantener el auto derecho en la vía que corresponde. Pero todo es frustración, inmediatamente se descuida, y el vehículo termina a un costado de la carretera.

Todo parece ser un infortunio. ¿Has estado en esta situación?

El mismo problema puede suceder en la vida de algunos que tendrán que reducir la velocidad porque si tratan de avanzar sin estar debidamente alineados comenzarán a ser sacudidos. Vivirán en el esfuerzo y la lucha todos los días para que su vida no se desvíe.

Cuando hablamos de alineamiento no solo nos referimos a traer orden sino a tener una correcta posición, la cual, hará que todo esté alineado y todo coopere a favor de tu vida. De lo contrario al no estar en la posición adecuada las circunstancias operarán en tu contra.

Aún para dar a luz, la mujer requiere estar en una posición correcta. Podrá parecer o ser incomoda, tampoco esperará estar todo el día así, pero el resistir y mantener esa postura la llevará a gozar de una Gloria que ella misma sabe llenará de gozo sus días. Nuestra posición es de Hijos.
Dios ha hablado una palabra sobre tu vida y lo expresado por Dios sobre de ti, está depositado, te alcanzará, llenará tu mente y tus días. Caminas por un diseño y una declaración que Dios puso y confió en ti.

Como resultado de esa acción de Dios sobre todos nosotros, ya hay una verdadera "obra" diseñada de antemano para que caminemos en ella cada día. No quiere decir que vamos a obrar para que la bendición de Dios nos alcance, sino que nos colocaremos en la posición correcta, alineados, para que esa obra se manifieste en su totalidad sobre nosotros.

Se le ha dado tanto énfasis a que la bendición es sinónimo de cosas materiales o tangibles que cuando no las tienes no te sientes bendecido. Casi te convences que por esa aparente escasez eres o estás excluido de la aprobación del cielo.

Pero debes conocer que la bendición tiene que ver con la posición adoptada en relación y por causa de la palabra dada sobre tu vida.

Permíteme darte un principio de alineación:
Si no estás en la posición correcta <u>nunca habrá la totalidad de la impartición de Dios sobre ti.</u>

Veamos algunos conceptos.
Identidad: juega un papel muy importante.
Cuando entiendes el diseño dado a tu vida nadie te cambiará, ni te permitirás terminar a un costado de la carretera.
Veamos el suceso de Pedro cuando le cortó la oreja a un siervo de los sacerdotes del templo.
Pedro decidió sacar la espada para detener algo que estaba sucediendo dentro del plan de Dios.
Pedro no había entendido la intención y la dirección de Dios en Jesús.
Hay gente que esta alineada o te está acompañando en

tu vida que toma decisiones contra la intención y la estrategia de Dios, por eso si no conoces el diseño, probablemente extraños pondrán o forzarán "SU" propio proyecto sobre tus días.

Estarás constantemente buscando aprobación de los demás para hacer las cosas que ya el Padre determinó sobre ti. Al no tener claridad de los planes de Dios, perderás de vista las crisis, no las verás como oportunidad para crecer sino que serán una verdadera catástrofe que se abalanza sobre tu vida.

Pero si estamos alineados con Dios, todas las circunstancias que nos toquen vivir, no las soportaremos como tragedias sino que constantemente producirán un eterno peso de gloria. Debes tener claro la intención de Dios: siempre es para depositar en ti bendición.

El sabio Salomón expresa:

**La bendición de Dios es la que enriquece
y no añade tristeza con ella.**
Proverbios 10:22

Bendición significa palabra proclamada a favor de otro"... por Dios. Toda palabra que viene de Dios tiene la intención de prosperarte.

Hay dos términos en hebreo que se relacionan con la palabra bendición: "ASHAR" y la otra es "OSHER". La primera es capacidad para acumular, prosperar, en proceso de multiplicación, envolviendo el sustantivo OSHER**,** que significa riqueza existente. En otras palabras cuando Dios te "ASHER" activa en ti su "OSHER".

Lo que significa que Dios te vincula con los recursos que le pertenecen a Él. Dios te conecta con lo que tiene para llevarte a lo que ha hablado de tu vida. De la misma manera Maria al ser visitada por el ángel experimentó lo que es ser alineada con los recursos de Dios.

Fue tomada de su posición, conectándola con los recursos de Dios, llevándola a otra dimensión que se hace evidente cuando los Reyes del Oriente vinieron a adorar al niño con sus riquezas.

**Y al entrar en la casa,
viendo al niño con su madre María,
y postrándose, lo adoraron;
y abriendo sus tesoros, le ofrecieron presentes:
oro, incienso y mirra**
Mateo 2:11

También de Gedeón podemos hablar, dándonos su experiencia un verdadero aporte sobre lo que es un verdadero alineamiento.

**Y mirándolo el Señor, le dijo:
Ve con esta tu fuerza, y salvarás a Israel de la manos de los medianitas.
¿No te envío yo?**
Jueces 6: 14

Al principio Gedeón cuestionó la palabra. El cuestionar es un tipo de búsqueda del propósito, pero puede tener su origen en una mentalidad de escasez y no de bendición. Hay limitación y penurias en esa forma de posesionarse. Cuando se vive en "necesidad" siempre estarás cuestionando: ¿Por qué pasan las cosas de esa manera y no como le pasa a otros?

Cuando la gente emprende una travesía, pero advierte que no conoce el sendero, dependerá de las señales para no extraviarse. Casi podría afirmar que en más de una oportunidad emprendiste un viaje, pero de pronto algo se hizo difuso en el camino, extraviaste el rumbo, desesperadamente tuviste que depender de indicaciones.

He hablado con mucha gente pero a nadie le gusta estar perdido. Otros se aferran al volante, les gusta manejar y tener todo bajo control, no ceden el volante porque así creen garantizar que llegarán a la meta. En verdad tienen clara la dirección donde ir, por eso nunca descuidan las señales a la vera del camino.

Gedeón dijo: "Si Dios está con nosotros: ¿Dónde están sus maravillas? Personas dicen: he ayunado…me he esforzado…me he privado…he hecho todo lo que se me ha dicho…. ¿Qué sucede? Es que te has quedado en un nivel bajo de vida, lo que ha resultado en posición equivocada. Recibes la Palabra pero no permites que la misma genere cambios en ti.

Recuerda que Dios comienza el proceso de alineación con la Palabra, la cual cuando es impartida y aceptada se convierte en revelación para tu vida. Revelación que te llevará a tener un encuentro, donde habrá transformación; y esta transformación traerá la verdadera manifestación de lo que Dios quiere hacer en ti.

En su encuentro con Dios, Abraham no cuestionó la orden de Dios. Tampoco pidió señales para salir. El recibió la palabra y no dudó en ponerse en marcha.

> "…Vete de tu tierra y de tu parentela,
> y de la casa de tu padre,
> a la tierra que te mostraré.
> **Génesis 12:1**

La carta a los Hebreos nos aporta más detalles de este encuentro.

> "**Por la fe Abraham, siendo llamado obedeció para salir al lugar que había de recibir por heredad; y salió sin saber dónde iba.**"
> **Hebreos 11:8 (RVRA)**

La palabra KALEO es la palabra griega para llamado y significa *"iniciado por palabra, orden o mandato"*.
La palabra Obedeció (HUPAKOU) implica *"ir conforme con la orden"*, *"escuchar atento"*. Abraham recibió la orden y caminó en ella. Él sabía desde el principio que debía hacer. No sabía donde iba pero su obediencia le proporcionaba la meta donde arribar.

Hacer lo correcto en la posición correcta siempre te llevará al lugar correcto. Abraham, a través de la Fe, preparó "su mudanza", tomó y se aferró a la promesa que luego se trasformó en herencia. No podemos seguir caminando solo por promesas, ha llegado el tiempo de creer y caminar en la seguridad de la herencia.

La promesa se encuentra en futuro y la herencia es ahora. En el AT eran promesas de Dios, ahora en Cristo es nuestra herencia. Promesa de paz, es herencia de paz. Promesa de prosperidad, es herencia de prosperidad. Promesa de salud, es herencia de salud. Promesa de restauración, es herencia de restauración. Herencia es ahora, no es mañana.

Todo llevó a Abraham a caminar en posición de heredero. Pero muchos no se sienten herederos porque no alcanzan a ver la bendición de Dios en su vida.

Ser heredero no es un asunto de sentir sino de ser. ¿Por qué? Porque no es algo que se siente para ser, sino que soy y luego experimento los resultados. Este fue el tipo de Fe que apreció Abraham, y al mostrarse la plenitud de lo que creía, su fe le fue contada por justicia.

El creer la palabra impartida lo llevo a la posición correcta. Así se alineó correctamente con los recursos de Dios que lo llevarían al lugar de la herencia, el sitio donde heredaría y junto a él, toda su descendencia. Podríamos agregar que al posicionarse en el orden de largada correcta, el viejo patriarca comenzó a ser heredero.

Debemos tener claro este concepto de justicia. Cuando la Biblia habla de ser justo habla de posición aprobada, es estar colocados y ordenados con Dios correctamente. Debemos entender esto como una dimensión que abarca y que contempla el estar correctamente en posición con Dios donde Él a su vez nos da acceso a sus recursos.

Deberíamos aclarar que Dios a través de su Palabra nos dice: **"No hay justo ni aún uno"**, lo que nos lleva a entender que el Padre nos está dando ubicación y plenitud a nuestras vidas porque pareciera decirnos: "Yo he enviado a mi Hijo para que a través de esa posición todos se alineen, estén correctamente posicionados en los planes y metas que yo tengo para ustedes". Solo aquellos que hayan sido posicionados o colocados correctamente en el Reino gozarán de los recursos de Dios.

Este proceso de ser alineados la Biblia lo llama: JUSTIFICACION. En el caso de Abraham: creyó y fue justificado. Es a través de esa justificación que somos colocados en línea con los principios que garantizan a nuestra vida como un manantial de éxito. Cuando hayas apreciado lo que Dios ha hecho, la santidad será ya no algo inalcanzable sino la verás como el resultado de acción que está determinada por tu misma voluntad.

La santidad es mucho más que una doctrina o una actitud sino es darnos cuenta y decidirnos a estar colocados correctamente ante el Padre. Un régimen especial de comidas, vestir ciertas vestiduras, o aun practicar un ritual no te hacen santo.

La Santidad está asociada a la relación correcta que decidamos entablar con Dios, esta relación nunca se produce sin la decisión de alinear nuestros corazones con los planes de Dios. Esta actitud traerá el verdadero gozo de saber valorar el poder de la justicia de Dios en nosotros. Dios trae todo este proceso porque cada uno hemos sido creados para cumplir una verdadera asignatura en este mundo. Dios anhela colocarnos en sus planes, somos partes de los acontecimientos y estrategias de Dios.

¡No somos ni eres un accidente! Ten en claro que no eres parte de una causalidad fortuita en el ordenamiento divino. Afirma tu vida en el concepto de que la verdadera justicia se produce o se evidencia cuando eres posicionado correctamente con Dios y sus recursos, dando como resultado inequívoco una mejor manera de vivir, aumentando la calidad de la misma.

Aún no hemos terminado con Abraham. Al momento que tomó la palabra de Dios como herencia tuvo que comenzar a alinear su vida durante el transcurso de su carrera y a desarrollar una nueva cultura, La orden fue directa: **"Sal de tu tierra y parentela". (Génesis 12:1)**

En algunas circunstancias podemos ser llevados a pensar que la fe se producirá en nuestra vida como una eventualidad, como un hecho surgido en la espontaneidad, pero la vida de fe es una vida de progreso en donde sales de tu cultura, de tus antiguos conceptos y te mueves a la cultura del reino de Dios.

Cuando hablamos de cultura hablamos de historia, lenguaje, costumbres, economía, status, relaciones, por lo que al ser advertidos por la Palabra debemos proceder a un verdadero cambio que no es otro que trasladarnos de la cultura terrenal a la cultura espiritual.

**No os conforméis a este siglo, sino trasformaos
por medio de la renovación de
vuestro entendimiento,
para que comprobéis cual es la buena voluntad de
Dios, agradable y perfecta.
Romanos 12:2**

Otra cosa que Abraham tuvo que ajustar y desarrollar para su carrera fue una nueva visión.
**Y lo llevó fuera, y le dijo:
Mira ahora los cielos, y cuenta las estrellas,
si las puedes contar.
Y le dijo: Así será tu descendencia
Génesis 15:6**

La Biblia dice que lo sacó fuera, lo impulsó, de alguna manera Dios señala cuando hay que moverse y así darnos cuenta que nuestras crisis son el taller donde Dios amplia nuestra visión.

Abraham se quejó pero Dios lo "extendió". Cuando nos encerramos en nuestros conceptos y en nuestras miopías no vemos lo que Dios ve. El mundo es inmensamente más grande que nosotros. El escritor de Proverbios dijo "**sin visión se desenfrena el pueblo**". Luego observamos que hubo un cambio a partir de una nueva actitud por parte del Patriarca Abraham:

Y creyó a Jehová, y le fue contado por Justicia.
Génesis 15:6

Después del episodio de Agar, Dios se le aparece a Abram diciéndole que debía cambiar su confesión.

—Vas a tener que alinear tu boca con la mía—, pareciera que el Señor está explicándole.

El apóstol Pablo escribe: **"que si confesares con tu boca...y creyeres en tu corazón"... Romanos 10:9**

En la misma carta dice que Dios da vida a los muertos y llama las cosas que no son como si fuesen. ¿Está hablando Dios de que mintamos en especulación? ¡No! Cuando Dios habla, habla, no da una orden para que esta se vuelva irrelevante a la hora de la toma de decisiones.

Una palabra de Dios es más real que las circunstancias que estemos viviendo y si Dios lo dice, ponle el sello; ¡Vendrá!, ¡Será hecho! En medio de todo este proceso vemos a Abraham creciendo y avanzando al destino que Dios había trazado para él. Por momentos se veía limitado o desviado, pero Dios volvía a "acomodar" a Abraham en sus cabales y en sus caminos.

Podemos afirmarnos al creer y observar que cada paso que dio Abraham, no solo sirvió para encaminarlo sino para desarrollar el potencial de Dios que descansaba sobre su vida y que lo mantendría en la correcta posición durante todo su peregrinar.

Indudablemente sin tener ni haber modelos que imitar o sistemas a los que aferrarse Abraham mostró una nueva y verdadera adoración:

**Después le apareció Jehová
en el encinar de Mamre,
estando él sentado a la puerta de su tienda
en el calor del día. Y alzó sus ojos y miró,
y he aquí tres varones que estaban junto a él;
y cuando los vio, salió corriendo de la puerta
de su tienda, y dijo: Señor, si ahora he hallado
gracia en tus ojos, te ruego que no pases de tu siervo.
Que se traiga ahora un poco de agua,
y lavad vuestros pies; y recostaos debajo de un
árbol, y traeré un bocado de pan,
y sustentad vuestro corazón, y después pasaréis;
pues por eso habéis pasado cerca de vuestro siervo.
Y ellos dijeron: haz así como has dicho.
Entonces Abraham fue de prisa a la tienda a Sara,
y le dijo: Toma pronto tres medidas de flor de harina, y
amasa,
y haz panes cocidos debajo del rescoldo.
Y corrió Abraham a las vacas,
y tomó un becerro tierno y bueno,
y lo dio al criado, y éste se dio prisa a prepararlo.
Tomó también mantequilla y leche, y el becerro que
había preparado, y lo puso delante de ellos; y él se estuvo
con ellos debajo del árbol
y comieron.
Génesis 18:1-8**

Cuando Dios apareció, Abraham corrió a ofrecer lo que tenía. La vida de Abraham fue prodiga en experiencias, las cuales nos llevan a comprender como Dios siempre edifica en medio de la carrera en la que estamos "participando", la cual requiere madurez, preparación y correcta postura para que brindemos lo mejor de nosotros.

Abraham fue un padre en muchos sentidos de la vida. No solo fue lo físico, lo visible, sino que marcó en forma indeleble lo que es carrera de largo alcance. La Biblia utiliza el término: "**.. de generación a generación**". Debemos darle a este texto la verdadera valoración porque es tomar verdadera conciencia desde donde y hacia donde Dios nos quiere edificar.

Él lo hace generacionalmente. No pasando por alto generaciones. Recuerda que Dios es Dios de orden. No hay precipitación en sus acciones. El profeta usa las palabras...**"renglón tras renglón; línea sobre línea,... Isaías 28:10.** Recuerda que Dios siempre hace todo paulatinamente, todo es llevado por procesos, no podemos obviar aquellos que no nos gustan, que requieren esfuerzos. Las posturas correctas se adquieren en los hábitos correctos que sepamos desarrollar y afirmar en nuestras vidas.

¿Qué te motiva a seguir corriendo? ¿Tu carrera ha motivado a otros a correr? ¿Qué postura tienes al correr?
Son muchos los dilemas que surgen al observar la vida del Patriarca. Caminar en la herencia tomó años, pero ese caminar lo llevó a desarrollar una vida convertida en una verdadera Dádiva Nueva.

> **Aconteció después de estas cosas, que probó Dios a Abraham, y le dijo: Abraham.
> Y el respondió: Heme aquí.
> Y dijo: Toma ahora a tu hijo, tu único, Isaac, a quien amas, y vete a tierra de Moriah, y ofrécelo allí en holocausto sobre uno de los montes que yo te diré.
> Y Abraham se levantó muy de mañana, y enalbardó su asno, y tomó consigo dos siervos suyos,
> y a Isaac su hijo; y cortó leña para el holocausto, y se levantó, y fue al lugar que Dios le dijo.**
> **Génesis 22:1-3**

En ocasiones la carrera de Abraham parecía interrumpida, puesta en espera, sus propios errores lo detenían pero la calidad de su ofrenda a Dios activaba su correr, volvía a la senda, volvía en pos de la meta. Pero ahora su ofrenda, su dádiva era diferente: su propio Hijo era entregado, haciendo que la promesa se convierta en ofrenda. Así es cuando la promesa llega a tus manos, lo que haces con ella determinará donde está tu corazón.

El heredero alineado con Dios entiende que lo que tiene no es propio, lo ha recibido de Dios y cuando Dios lo necesita o lo requiera, se lo entrega. Curiosamente **"Mamre"** es un lugar que significa distracción, esta siempre tiende a alejarnos del lugar de adoración. ¿Sientes que te encuentras en Mamre?

La distracción te hace alterar la disciplina que Dios ha establecido para tu ritmo de carrera. Comienzas a buscar otras vías para llegar rápido obviando así el proceso. De pronto viene el obstáculo y tropiezas, caes, no estás preparado, porque hoy gran parte del mundo se ha convertido en un gigantesco Mamre. Demasiadas distracciones acontecen para que pierdas la visión de la meta. La verdadera postura debe ser mantenida, aunque no halles respuestas en el silencio del "Moriah" que estás atravesando. ¿Otras preguntas? ¿Qué te distrae? ¿Qué ha hecho perder el rumbo en tu carrera? ¿Qué ha hecho sentarte a la vera del camino?

La respuesta: ¡Regresa a la adoración!

Recuerda a David en tiempos oscuros y difíciles:

Invocaré a Jehová quien es digno de ser alabado y seré salvo de mis enemigos.
Salmo 18:3

Afirma tu correcta postura. Pero hazlo a partir del ejemplo del viejo patriarca, porque recuerda que la ofrenda solo se convierte en Dádiva Nueva a partir de una verdadera intimidad con Dios. Allí será, donde brotará otra vez el camino, la línea, y la dirección por donde debes continuar tu carrera.

Capítulo 7

"La Conformidad es el carcelero de la libertad

y el enemigo del crecimiento."
JF Kennedy

Traspasando los límites

Dios anhela que entendamos que nuestro proceso no es el final. Todavía no hemos terminado, sería mejor pensar y creer que apenas estamos dando solo los primeros pasos.

Aquellos que hicieron grandes cosas para Dios, tuvieron una virtud que los destacó sobre el resto, no se hicieron sino que fueron los protagonistas de sus respectivas historias porque aprendieron a remover sus límites. Y desde la perspectiva de sus logros o yerros aprendieron a poner distancia, a separar entre sus propias limitaciones y así dieron paso a las grandezas de Dios.

Abraham trastornó su zona de comodidad al salir de su tierra y de su parentela. Moisés removió su zona de comodidad al obedecer y pararse en fe delante de Faraón. Josué fue más allá de sus límites cuando aceptó el desafío de asumir el liderazgo después de Moisés.Toda la Biblia esta llena de ejemplos de gente que removió y traspasó sus límites para llegar a ser quienes Dios quería que ellos fueran. El apóstol Pablo dejó de lado su cultura, sus costumbres y aún sus tradiciones religiosas para llegar, llevar ya alcanzar con las buenas nuevas a los gentiles.

Es importante entender que Dios hará "mucho más" de lo que pedimos o entendemos, porque todo lo que necesitamos de Dios ya fue otorgado. Si aprendemos los principios de la Palabra de Dios y caminamos en esos principios; el Poder de Dios se activará en nuestra vida y veremos lo que Dios ha provisto.

No hay nada más poderoso en la tierra que un concepto. Nuestros conceptos son la suma de nuestras ideas. Me atrevería decir que los conceptos son tan poderosos que tienen la capacidad de "neutralizar" la Palabra de Dios. ¿Es una audacia decir esto? Por supuesto que la Palabra de Dios está sobre todos los hombres pero si yo no dejo que ella misma se asiente sobre mi vida, quiere decir que estoy antepo- niendo mis propios conceptos sobre lo que Dios dice. Se hacen más fuertes mis creencias que lo que pueda aportarme o indicarme la Palabra.

En definitiva considero a mi razón como si estuviera por encima de las razones de Dios para mi propia vida. En el Evangelio según Marcos, capítulo 7 verso 9 la palabra escrita como tradición (en griego: *paradosis*) significa transmisión o precepto. De esa palabra surge la palabra "paradigma".

Si los preceptos son la suma de los conceptos, quiere decir que una idea errónea acerca de la Palabra, tenderá siempre a "invalidar" la Palabra, no porque esta deja de ser sino porque yo la considero como inferior a mis propios conceptos. Las primeras limitaciones que hay que traspasar es nuestra mentalidad. Es en la "fábrica de nuestros pensamientos" donde el juego de la "renuncia" viene a golpear y debilitar el ritmo de la carrera. Alinear con Dios y fortalecer tus pensamientos hará evitar la tragedia de rendirte antes de tiempo.

Muchos claudican porque no quieren manejar correctamente sus pensamientos y aun renovarlos, prefieren abandonar la carrera, renunciar y dejar a un lado todo lo que han invertido o preparado para disputar la carrera de sus

vidas. Traspasar los límites es descubrir a través de la disciplina la capacidad y habilidad que aún no sabemos que está allí, esperando despertar como gigante. ¿Cuál es uno de los primeros principios que nos harán traspasar los límites?
La Mayordomía.

Cuando hablamos de mayordomía lo primero que viene a la mente de las personas es la idea del dinero. De hecho, muchos se vuelven religiosos y otros se vuelven cínicos pero lo cierto es que quien no aprende a manejar su dinero, difícilmente podrá manejar bien su vida. Mayordomía es más que dinero, es la vida misma. Somos muchos los que añoramos ardientemente el día en que estemos delante del Señor y oírle decir al abrazarnos: **"bien hecho buen siervo y fiel"**…

¿No sería trágico llegar delante del Señor y oírle decir "que mal trabajo"? ¿Qué pasó? ¿Dónde está todo lo que deposité en ti? Suena a desdicha, a amargura de corazón y de espíritu. Haber tenido todo para la tarea pero haberlo hecho todo a medias por la negligencia, el ocio o la falta de celo por la designación. ¿Verdad que eso nos aplastaría el corazón?

Todos sabemos que Jesús hace ese comentario: **"Bien buen siervo y fiel; "**…

Mateo 25:21

No podemos pensar que la Biblia es un tratado que podemos encasillar en sistemas económicos o sociales tales como comunismo o capitalismo, sencillamente porque los textos sagrados hablan de economía pero no están sujetos a dictados o estructuras inventadas por el hombre.

Si las palabras de Jesús tales como compartir con el hambriento, cubrir al necesitado, o vender una casa para traer esa suma al templo alguien lo etiqueta como comunismo, se equivoca radicalmente porque el concepto social de Jesús es infinitamente mayor al de una simple doctrina.

Por el contrario si alguien piensa que por confiarnos nuestro Dios la mayordomía de una obra o de algunos medios económicos, se esté poniendo la semilla del capitalismo también se equivoca, porque nunca puede encasillarse el mensaje de Jesús con una doctrina que se afianza en los egoísmos de ciertos sectores en desmedro de otros.

Porque lamentablemente lo que es una bendición –la libertad de ser los administradores de los que se nos ha confiado, sea un buen trabajo, una buena casa, o un hermoso talento- se ha confundido cubriendo todo de egoísmos y placeres.

Pero nada malo hay en poseer y administrar una propiedad privada de acuerdo a lo principios y mandamientos de Dios. El Señor es muy directo en estas apreciaciones. Si hacemos una mirada con mayor profundidad nos daríamos cuenta de que nuestro Dios valora y aconseja para que el hombre se despliegue con honestidad y amor en todos los ámbitos de su vida.

Por supuesto que comienza con salvarlo, continúa luego agregando virtudes a sus hijos, pero también es muy serio en cuanto a la productividad, crecimiento intelectual, económico, y desarrollo personal para sus hijos. En muchas páginas de los Evangelios (donde se narra la historia de Jesús) se puede oír claramente la voz del Señor diciéndoles a sus discípulos acerca de su preocupación para que sus vidas fueran llenas de frutos y de ese modo se produzca un incremento en lo que Él había confiado y depositado sobre sus vidas. La parábola de referencia es un verdadero ejemplo de esa verdad.

Definamos bien el concepto de mayordomía: La palabra que traducimos al español "mayordomía" viene del griego *"oikonomia*, que es la raíz de la expresión economía. Dicho término se basa en dos palabras principales que se unen: *"oikos"* que significa casa y *"nomos"* que es ley. Entonces *"oikonomia"* tiene que ver con la ley o las reglas de la casa. Un mayordomo era alguien que en la antigüedad se le daba la responsabilidad de administrar o manejar los asuntos del dueño de la casa y esa es la idea principal que refleja la verdad bíblica presente en este pasaje.

Así también debería ser la responsabilidad en cada ciudadano de este planeta. De entender que este es el mundo de Dios, **"de Jehová es la tierra y su plenitud, el mundo y los que en el habitan"**.

Dios es dueño de todo lo creado. Todo lo que tengo en mi posesión pero es propiedad de Dios. Debemos entender este principio. Todo es de Él. Sin embargo, Él ha confiado una parte a las personas llamándolos mayordomos, al tiempo que los hace responsables con lo que hacen. Dios entrega regalos, oportunidades pero también responsabilidades.

Es irónico pero la parábola habla de "talentos". En nuestro idioma talentos son habilidades, destrezas o dones que tenemos, pero en el contexto de esta enseñanza no se esta hablando de destreza, don o habilidad sino de dinero. Una unidad monetaria.

De hecho bastante dinero porque un talento representaba una fuerte cantidad. Así que la parábola no habla de los que saben o no saben cantar, de los que ejecutan en forma exquisita un instrumento, sino que se remite al dinero, al capital y lo que resultará de las buenas o malas inversiones que se produzcan. Ahora bien, la aplicación de esto puede ir mas allá de las finanzas y aplicarse a todos los recursos que Dios nos ha confiado.

Se ha dicho que el reto más grande en la administración de empresas hoy en día es lo que se llama "distribución de dinero" porque al considerar que tenemos recursos limitados, tiempos limitados y dinero limitado no se puede hacer lo que solamente los sentidos indican sino que hay que utilizar todos los recursos posibles, incluyendo sabiduría, lógica, audacia. Todo debe ser observado y tenido en cuenta para que el balance se muestre aprobado en la totalidad de sus partes.

En administración es importante porque el dinero que gastas en un sentido es un dinero que no tienes para gastar en otro sitio. Tomas decisiones diarias tales como utilizar tu staff, como aprovechar el tiempo, el espacio, el equipo y todos los medios con que cuentas. En definitiva es darnos cuenta cuales son las prioridades en la aplicación de la mayordomía que se nos ha asignado, debemos acudir a Dios para ser dirigidos por Él y llenarnos de su sabiduría cada día. A todos, Dios nos ha provisto de habilidades, talentos y capacidades. Hay un poder que Dios todopoderoso ha depositado en cada uno de nosotros.

El problema más serio es que muchos no hemos descubierto la totalidad de lo que poseemos, nos hemos conformado con lo parcial, pero la plenitud y lo absoluto aparecen o lo vivimos como puntos demasiados distantes en y para nuestras vidas.

El salmista pregunta:
**"¿Que pagaré a Jehová
por todos sus beneficios para conmigo".
Salmos 116:12**

Esta declaración muestra una mentalidad madura, porque quien hace esa pregunta ha entendido que durante sus años de inmadurez y de infancia, alguien tuvo que trabajar, esforzarse para poner leche en la nevera y pan en la mesa cada día. Nos damos cuenta que nuestros hijos están madurando cuando los escuchamos decir:

¿Cómo te puedo ayudar? ¿Qué me toca hacer esta mañana? Deja, yo levanto los platos y lavo la vajilla.

La persona que se preocupa con lo que puede dar o hacer es alguien que es o se está haciendo responsable. El gran beneficio de la responsabilidad es que abre la puerta a la reciprocidad y la reciprocidad produce colaboración. Hay matrimonios donde no hay colaboración, no hay ayuda, porque ambos están buscando que le den, le atiendan, siempre viven en una constante demanda pero nunca ven o están pendientes de lo que pueden dar o necesite la otra persona.

Cuando el inmaduro se casa, inmediatamente se enfoca en lo que recibe de su pareja, en vez de ser uno de los que aporta a su pareja. El cristiano inmaduro siempre esta buscando que le pueden dar, que beneficio obtener o de que se puede aprovechar, pero el maduro siempre está buscando como ayudar y servir.

El segundo principio que debemos entender para traspasar los límites es el principio de la *Unción.*

**El Espíritu de Jehová el Señor está sobre mí,
porque me ungió Jehová;
me ha enviado a predicar buenas nuevas a los abatidos, a vendar a los quebrantados de corazón,
a publicar libertad a los cautivos, y a los presos apertura de la cárcel; a proclamar el año de la buena voluntad de Jehová, y el día de la venganza del Dios nuestro; a consolar a todos los enlutados, a ordenar que a los afligidos de Sion se le de gloria en lugar de ceniza, óleo de gozo en lugar de luto, manto de alegría en lugar de espíritu angustiado; y serán llamados árboles de justicia, plantío de Jehová,
para gloria suya.**

Isaías 61:1-3

Todo lo que Dios dispone tiene como fin es que se cumplan el o los propósitos en nuestras vidas. Él nos llamó, nos procesa, para llegar a un resultado.

**Y sabemos que a los que aman a Dios,
todas las cosas les ayudan a bien, esto es,
a los que conforme al propósito son llamados.**

Romanos 8:28

Si la unción no es desatada, estaremos caminando a ciegas. La unción nos enseña, nos da vida y nos trasforma.

**Pero vosotros tenéis la unción del santo,
y conocéis todas las cosas**

1 Juan 2:20

La unción está en nosotros no solo porque fue prometida sobre los hijos sino porque de esta manera Dios se quiere "asegurar" que lleguemos a donde Él quiere llevarnos. La unción ya fue dada (pasado) para que te asegures (hoy) de donde Él va a llevarnos (futuro). Unción es igual a Presencia de Dios en nuestras vidas.

La unción tiene propósito, y es darte habilidad sobrenatural que te lleva al futuro, a la meta que Dios preparó. La unción es fuerza divina; es la misma presencia de Dios operando y haciéndose visible a través de ti. En el AT se ungía al sacerdote. (Aceite era casi un sinónimo de consagración para el servicio). El aceite era derramado desde la cabeza, y luego bajaba por las vestiduras.

Si aceptamos que Dios trabaja y se mueve en tres dimensiones, y conociendo que tres es número de plenitud podemos entender que la verdadera unción es tridimensional. La unción "trabaja" y es dada para que el hombre de Dios alcance plenitud. En David, Dios usa al profeta Samuel y es ungido en 1 Samuel 16; luego es ungido por segunda vez en Juda (2 Samuel 2:4) y la tercera vez cuando fue ungido rey de Israel (2 Samuel 5:3).

Podemos señalar que también Cristo fue ungido tres veces. La primera vez cuando fue bautizado y del cielo se escuchó la voz que decía "este es mi hijo....". La segunda vez en la entrada triunfal a Jerusalén. La tercera vez en Getsemani (prensa de aceite). Fue allí donde el aceite se extendió, dándole plenitud y totalidad a su ministerio.

Por eso Dios trabaja en tres dimensiones. Podemos decir que la unción te traslada donde Dios desea llevarte. Siendo su presencia un verdadero vehículo para que seas trasportado al sitio donde el Señor quiere que te asientes.

> **Les dijo también:
> ¿Quién de vosotros que tenga un amigo,
> va a él a medianoche y le dice:
> Amigo, préstame tres panes, porque un amigo mío
> ha venido de viaje,
> y no tengo que ponerle delante; …**
> **Lucas 11:5-6**

El texto nos muestra tres panes, podemos decir que el primero pan representa la ofrenda mecida. Era de trigo. Habla de adoración. La persona que corre este maratón está recibiendo una revelación fresca de lo que es adoración. Conoce que su vida solo es un pedacito de algo más grande y corre sabiendo que alcanzará su premio. Esto solo será real cuando en medio de la carrera desarrollas una actitud correcta y una verdadera entrega del tiempo que das en adoración al Padre. Esta adoración no es solo fe, no queda estacionada en un acto repetitivo y cansino sino que es una verdadera manifestación de mi fe, mi relación y de la intimidad que anhelo alcanzar con mi Señor.

El segundo tipo de pan que menciona la Biblia es el del tabernáculo. Era el Pan de la casa y estaba reservado para los sacerdotes.

Podemos extraer enseñanza a partir de observar este tipo de pan el cual nos lleva a entrar en una nueva dimensión en la casa de Dios. Así percibimos de que nos habla, de quien es Dios, quién y que representa el cuerpo de Cristo, sentimos la plenitud de una nueva identificación con ese mismo cuerpo.

Esta verdadera nueva identidad te posiciona a correr no solo para ti sino que la carrera te envuelve, te conecta al que emana vida, a la verdadera savia que proviene del que dijo: **"Yo soy la vid, vosotros los pámpanos"**.

El tercer pan mencionado en la Palabra de Dios es el Maná. Los dos primeros panes eran hechos por el hombre pero este es hecho por Dios, no se echa a perder, es único, no está contaminado con las manos, las razones o los formalismos del hombre, proviene del cielo por eso que el único lugar donde puedes hallarlo es dentro del arca, en la misma presencia del Altísimo Dios. Indudablemente es otra dimensión.

Concluimos diciendo que la unción inicial es para trasformarnos en adoradores. La segunda es la unción de la Palabra, la cual nos ordena y renueva nuestra manera de pensar y la tercera es la unción de la plenitud: aquella que nos deleita mientras corremos, haciéndonos ver que avanzamos hacia aquello por lo que fuimos llamados.

>...puestos los ojos en Jesús,
>el autor y consumador de la fe,
>el cual por el gozo puesto delante de él
>sufrió la cruz, menospreciando el oprobio,
>y se sentó a la diestra del trono de Dios.
>**Hebreos 12:2**

Esta plenitud es aquella que nos hace vivir y poner el gozo delante, porque al correr de esta manera sabemos que traspasaremos todo límite y obstáculo manteniendo el paso firme en la carrera a pesar de las dificultades que se puedan presentar.

La plenitud no trae luchas sino que te dará fuerzas cuando por las circunstancias que atraviesas piensas en relajar el ritmo de tu carrera.

Por eso debemos tener claridad en nuestras prioridades: convertirnos en adoradores hará crecer la unción sobre nuestras vidas, lo que nos llevará a nuevos y mayores niveles de relación con nuestro Dios. En el libro del profeta Isaías, capítulo 61, encontraremos algunas instrucciones que la presencia de Dios nos lleva a hacer. Primero nos "envía". Ser un enviado por Dios es mejor que ser invitado por los hombres. Tomar verdadera conciencia de que somos enviados nos llevará a tener constancia en lo que hacemos, porque lo que emprendamos debe guardar relación con el propósito que tenemos en nuestras vidas.

Da tristeza ver como hay personas que lo que están haciendo no guarda relación con lo que fueron llamados. Lo segundo que vemos en el texto del profeta acerca de la unción es que fuimos enviados "a predicar". Esto implica no solo una orden sino darle forma e intensidad a la manera de transmitir el mensaje. Nuestra vida debe trasformarse en portadora de buenas nuevas que tengan esas mismas noticias la capacidad de ser un medio para cambiar las vivencias de quienes se nos acerquen.

Finalmente vemos que el texto implica el mandato de "ordenar" y organizar lo que no está alineado con los principios de Dios o lo que es lo mismo con el Reino que opera y está sobre nuestras vidas.
Al correr la carrera –nuestro propio maratón- con esta perspectiva aprendemos que la misma se convierte en un llamado. Mientras corremos debe haber un verdadero restablecimiento en la relación que tenemos con Dios, un

auténtico tornar al Señor nuestros pasos con el calzado de la paz. Una profunda y audaz renovación que nos llevará a expandir nuestro paradigma y finalmente tener una recuperación del modelo que deberíamos seguir. Entonces nos habremos dado cuenta que hemos recuperado nuestra posición en la carrera.

Regresemos al ejemplo de Abraham y nos daremos cuenta que no importó los desvíos que acontecieron, siempre recuperaba su posición. Abraham tenía el plan y el modelo, pero Isaac vino a ser el heredero. Pero hay una tercera generación de Dios que no solo va tener el plan y la herencia sino tendrá la capacidad para multiplicarse y fructificarse en la tierra. Este modelo es sinónimo de correr este maratón divino sabiendo tu posición, a su vez darás muestras de que sabes como pasar correctamente el testimonio que te ha sido confiado.

Dios está quitando los tiempos de nuestra ignorancia, porque cuando tú no sabes o todavía no entiendes, nunca terminas de tomar por completo tu responsabilidad, dando así espacio para que esta situación vuelva a repetirse como un verdadero estigma sobre tu vida. Desde el principio de los tiempos vemos siempre a Dios buscar un lugar donde habitar, donde y sobre quien depositar su plan, imagen y propósito. Dios continúa buscando a quienes puedan reflejar su imagen en la tierra.

Pero el mismo Dios encontró algo que no estaba en acuerdo con Él. La Tierra estaba desordenada pero eso no le quitaba el potencial que tenía para ser ordenada. Además estaba vacía, dándonos a entender que podía ser llena, pero el Espíritu estaba sobrevolando las aguas, aguardando la Palabra de Dios, para llevar a cabo la tarea. De igual manera que los primeros días de la tierra tú estás aquí por el Espíritu que está sobre ti para liberar y desatarte de tu ignorancia o tus falencias.

El Espíritu está cubriendo tu vida, preparando un ambiente y un escenario para que conozcas que dentro de ti, en tu boca y en tu corazón ya está depositada la palabra que traerá orden y completa restauración. Tú saliste de la boca de Dios. No eres una casualidad, ni que papi y mami crearon. Eres una creación de antemano, con planes y propósitos para hacer, no para ocupar solo un espacio sino para producir verdaderos cambios por eso cuando tú conoces tu plan y propósito te conviertes en ¡indestructible!

Dios está quitando los tiempos de nuestra ignorancia. Pero Dios nos ha entregado un Reino tal como a Adán en el jardín del Edén. Tu fin no es mantenerte sentado esperando que algo venga de parte de Dios.

Porque así dijo Jehová:
Cuando en Babilonia se cumplan los setenta años,
yo os visitaré, y despertaré sobre vosotros mi buena
palabra, para haceros volver a este lugar.
Jeremías 29:10

Este mismo verso declara que el tiempo de Babilonia (Confusión) llega a su fin. Permíteme señalarte que tu tiempo de caos y confusión ha terminado. Estás viviendo el año 70 de tu vida y Dios viene a visitarte.

Aprecia que después de la confusión viene la visita. Visita que se puede convertir en habitación cuando hay correcta posición en Él.

**Y aquel Verbo fue hecho carne,
y habitó entre nosotros (y vimos su gloria,...**
Juan 1:14

Esta posición es ventaja, es la plenitud anhelada que es dada al hombre solo cuando este quiere y admite que Dios sea su compañero en la carrera que está corriendo. Dando así los hijos lugar al avance y la extensión del Reino del Padre sobre la Tierra.

Capítulo 8

Si aceptas perder nunca veras la Victoria.

Vince Lombardi - Entrenador deportivo

Ponle nombre A tu carrera

Cuando se habla de carreras importantes y en honor a su gran reconocimiento mediático se las llega a llamar por su nombre, salen del anonimato, ya no son una competencia más. Si es de autos podrá llamarse: "Indianápolis 500" o "Dayton 500", o si se refiere a maratones será "Nueva York" o "San Silvestre" (Brasil). Cada carrera famosa tiene su identidad.

También "tu carrera" adquiere el nombre conforme al proceso, el sitio o la forma que Dios está llevando en tu vida. Si lo desconocemos, no solo tardamos en darnos cuenta en que carrera estamos llamados a participar, sino que inexorablemente buscaremos modelos equivocados que retardarán la llegada a la ansiada meta.

Los hombres buscan modelos, a quien parecerse, o de donde pueden encontrar la fuente de inspiración para su vida. Bien porque esta se ha ido o porque al mirar logros y aciertos de otros aparecerán virtudes a imitar o a incorporar a sus propias vidas. El hombre no puede vivir aferrado a la nada, busca modelos, puntos de referencia, en definitiva metas que otros han alcanzado o por lo menos es lo que se dejan apreciar como reales o aprobadas por Dios. ¿Es malo buscar modelos? ¡No!, siempre que esos puntos de referencia estén alineados con lo que Dios aprueba.

Definitivamente el hombre ha hecho eso. Hemos mirado muchas veces las conquistas de otros, lo aciertos de otros y quizás los yerros de otros nos sirvieron como salvaguardas de errores propios.

Busquemos el ejemplo en la Palabra. Esta repetición de nombres no se da en forma frecuente en la Biblia, es más, considero que no hay pasaje en otra parte de la Escritura en que se repitan cuatro veces los mismos nombres. Se destacan, y si a ellos Dios nos los ha puesto, considero muy importante que prestemos la mayor de las atenciones. **…si estuviesen en medio de ella estos tres varones, Noe, Daniel y Job, ellos por su justicia…Ezequiel 14:14.** Estos hombres no estaban vivos cuando esta palabra fue escrita, habían vivido mucho tiempo antes, pero antes que los "devorara" el tiempo de la historia, Dios los trae a luz, no porque ellos eran inmortales, sino para que los veamos como ejemplos. Así mismos nosotros también buscamos modelos, buscamos parecernos "a", porque es bueno tener referentes en medio de tantas tormentas, no es sinónimo de debilidad sino que es entender que podemos mirar a otros y ese no es el problema, el drama es mirar los modelos equivocados, las modas traídas o "triste- mente copiadas" de formas y métodos que solo están en los manuales de hombres de negocios o en redes de comercialización seculares.

Déjame decirte que si tu mente y tu corazón están buscando modelos, sigue leyendo, deja que la Palabra te sorprenda. Pero si crees que ya tienes dirección para tu ministerio, teniendo el camino por donde andar, esta será una lectura "ociosa", está de más, no porque creas que no has llegado a niveles espirituales adecuados sino porque ya no necesitas, estás cubierto, y probablemente esa cobertura te haga sentir cómodo, seguro y confiado.

Consideremos poner por nombre a nuestra carrera **"Noe"**. La persona que busca parecerse a Noe: es el en que prevalece la obediencia a Dios. Aunque a su alrededor se desmorone la sociedad por la corrupción y el relajamiento de los valores éticos y morales. La carrera "Noe" es la que representa aprobación de Dios porque ella hace lo que Dios le ha pedido que haga.

Dijo el Señor: entre tú y toda tu casa en el arca, porque te he visto justo delante de mi en esta generación.
Génesis 7:1

Dios exalta y determina salvación para esta casa porque lo ha visto justo. Sabemos que la Biblia dice: **pero no hay justo ni aún uno…**sucede que Dios vio en Noé la justicia que provenía del propio corazón del Creador. La carrera "Noé" también es vista como "justa" porque se deja vestir complemente por la justicia de Cristo y no exhibe ningún atributo como propio. Cuando se corre la carrera "Noé" no se presentan méritos, logros que exalten justicia propia, ella –la carrera- ha aprendido a refugiarse en los méritos y en la justicia de Cristo.

En Noé no solo se destacó su perseverancia sino su incondicional obediencia. ¿No fue un "Jacob" que dijo: **"si me hicieras esto"… entonces serás mi Dios?** Noé fue obediente, creyó a quién le hablaba y a quién le ordenaba construir de tal o cual manera. Noé no midió consecuencias, no especuló, no se detuvo a pensar en los "que dirán" de los vecinos, si tendría el apoyo y respaldo necesario del "ministerio" que le "prometía cobertura". Noé fue fiel, su fe fue suficiente y le bastó para emprender la carrera.

…entró en el arca. Génesis 7:7

Noé no dudó en abandonar la "seguridad" y la tranquilidad que le "ofrecía" la tierra, la gente que le rodeaba, o el sistema imperante. Este "viejo loco", -para casi todos- subió a su esposa, a sus hijos, a sus nueras, no pudo más, pero dejó a salvo la próxima generación y de esa manera la humanidad entera.

Por la fe Noe, cuando fue advertido por Dios acerca de cosas que aún no se veían, con temor preparó el arca en que su casa se salvase, y por esa fe condenó al mundo y fue hecho heredero de la justicia que viene por la fe.

Hebreos 11: 7

Noé fue advertido de las cosas que aún no se veían, pero el creyó lo que provenía de Dios. Con temor preparó el arca, fue cuidadoso y ordenado. Sus ojos le devolvían un entorno en que nada sucedía, que todo continuaba, como todas las mañanas, como siempre, pero nunca se desalentó o buscó el aferrarse al costumbrismo o a la rutina. Debe haber tomado el serrucho, los maderos, y la brea como siempre, como todos los días pero sin fallar o debilitar sus fuerzas en el automatismo que podría haberle planteado aquellos 120 años sin ver nada, indudablemente mucho tiempo... pero valió la pena. Entonces su obediencia coronó la bendición para su casa. El fue **un pregonero de justicia.**

Otra carrera digna de correr es la carrera "**Daniel**". Daniel también mostró acciones, cualidades y razones que lo hicieron absolutamente diferente. El fue llevado cautivo pero esa cautividad no anuló ni frustró sus dones, sus decisiones o sus convicciones. Su entorno no le afectó sino que las situaciones vividas le dieron la oportunidad de mostrar que sus capacidades eran atributos otorgados por Dios.

Miremos solo algunos ejemplos:

Y Daniel propuso en su corazón no contaminarse con la porción del la comida del rey.

Daniel 1: 8

Presta tu atención a lo que Daniel, declara: **"bendito ...poder...sabiduría...muda los tiempos...da sabidu- ría ...ciencia...revela...conoce... Daniel 2:20-23**

Daniel tiene un reconocimiento pleno a lo que Dios hace. Él no escatima ni guarda elogios para con Dios porque sabe que únicamente en Dios puede buscar y hallar, solicitar y tener las peticiones de su corazón. Mira ahora lo que declara el rey: **...serás vestido de púrpura, y collar...el tercero en importancia. Daniel 5:16** Observa la respuesta del incorruptible Daniel: **tus dones sean para ti. Daniel 5:16-17**

El ofrecimiento, el premio, la recompensa son grandes. Vestidos, joyas, cargos. Nada le hizo cambiar su parecer, nada le inmutó, nada hace cambiar sus dichos, sus posturas. Sus creencias no fueron afectadas ni sus ideales condicionados por los premios o las promesas que habían delante. Daniel se mantuvo inmutable, había sido llamado para dar a conocer a Dios en medio de una corte pagana e idólatra pero eso no lo amedrentaba, no le hacía retroceder o quedarse impávido viendo lo que estaba pasando. Tampoco lo que le ofrecían, no se vendió o cambió por las circunstancias, siempre se mantuvo limpio, y esa fue su verdadera victoria. Los leones no le tocaron porque no había condena sobre él. Dios le guardó en respuesta a la actitud de un hombre que se mantiene, que guardó su corazón a pesar de todo lo que acontecía.

Cuando Daniel supo que el edicto había sido firmado, entró en su casa, y abierta las ventanas de su cámara que daban hacia Jerusalén, se arrodillaba tres veces al día, y oraba y daba a gracias a Dios, como solía hacerlo antes.

Daniel 6:10

Nada cambiaba los planes ni las acciones de Daniel, él sabía a quien servía, él no se adaptaba a las circunstancias, los tiempos o las demandas que se imponían. **Y hallaron a Daniel orando y rogando en presencia de su Dios.**

Daniel 6:11

Daniel sobresalía porque su servicio a Dios le hacía diferente, no se apartaba de los principios que regían su vida. Un verdadero intercesor, uno que se ponía al frente, que no desmayaba ni culpaba de los males a otros. Su oración, ayuno, silicio, su ser completo presentado a las situaciones que estaba viviendo como parte indivisa del pueblo al cual pertenecía.

…dispusiste tu corazón a entender y a humillarte en la presencia de tu Dios, fueron oídas tus palabras;… Daniel 10:12

Porque Dios está siempre dispuesto para oír al que se humilla, al que dispone su corazón, su tiempo y sus fuerzas. Jamás alguien se irá de la presencia de Dios sin que le sean concedidas las peticiones que brotaron de corazones angustiados, temblorosos, pero definitivamente alineados con los propósitos de Dios.

Hay también otra carrera que tiene pocos "participantes", y a la hora de la largada solo la disputan algunos nerviosos corredores. Es la carrera: **"Job"**

...perfecto, recto, temeroso de Dios, apartado del mal.
Job 1:1

Job es recto porque no se aparta del camino indicado. No se desvía, no se "bifurca", no toma atajos para llegar a la meta, no busca otras maneras de alcanzar logros. Es recto porque busca la voz de Dios para seguir, no se adelanta. Job es temeroso de Dios porque aún conociéndolo débilmente, o **de oídas,** sabe que Dios es Dios de temer, de respetar, de tener como lo primero en la vida. Job se aparta del mal, porque se aleja de la contaminación eclesiástica, del engreimiento, no quería ni tenía nada que ver con el pecado. Claro que tuvo dudas, que lo detuvieron más de lo debido a la vera del camino:

¡Oh, que pesasen justamente mi queja y mi tormento, Y alzasen igualmente balanza! Porque pesarían más que la arena del mar.

Job 6:2-3

Porque Job era ante todo un hombre. Que se cuestionaba, que protestaba, su queja era tan aterradora como su aspecto, su condición y su estado. Su papel protagónico había dejado de ser referencia, ya no era el centro, había pasado a ser escarnio, y eso le hizo detenerse en la carrera. Sus reproches tenían que ver con lo que no entendía, y ese quizás podía llamarse uno de sus más serias dificultades.

Si hablo mi dolor no cesa; Y si dejo de hablar, no se aparta de mí. Pero tú me has fatigado; has asolado mi compañía. Tú me has llenado de arrugas; testigo de mi flacura, Que se levanta contra mí para testificar en mi rostro. Job 16:6-8

La carrera **"Job"** es para observarla, porque cuanto más se detuvo o mostró su cansancio es cuando más habló. Así es la queja, nos quita oxígeno, perturba, nos detiene: la meta se ve como más lejana porque la queja siempre hace mirar para atrás, lo que se dejó. Así también lo hizo Israel en el desierto cuando consideró más apetitosos los platos de Egipto que el maná que provenía de manos de Dios, su creador, su libertador y su proveedor.

Luego de ver algunos modelos de carrera, nos resta uno por mencionar, aquel que no tiene nombre de uno solo sino de muchos, por eso lo convierte en más especial y relevante: La carrera **"Remanente"**.

Sin embargo, he aquí quedará en ella un remanente, hijos e hijas que serán llevados fuera… veréis sus caminos y sus hechos.

Ezequiel 14:22

Ese remanente es llevado donde los juicios de Dios no los condena, ellos cargan las virtudes de **Noe**, **Daniel** y **Job** porque "reúnen" las características del agrado de Dios. Y al ver como se han comportado, como caminaron los grandes hombres de Dios "copiaron" su andar. Se dejaron influenciar por las virtudes de los mayores. Encontraron a quien parecerse, encontraron los modelos, los referentes, las "coordenadas" a seguir en el tiempo que les toca vivir, pero no se encandilaron con hombres, sus brújulas nos perdieron el punto de referencia. No corrieron tras la promesa o la ilusión que los haría reconocidos en las naciones, por el contrario hallaron su contentamiento en seguir al único y sabio Rey.

Remanente de Dios, mira a Dios, mira a los hombres que no claudicaron, ni fueron derrotados, no desagradaron a Dios buscando favores de hombres o instituciones, no escalaron posiciones por el solo hecho de distinciones humanas, no cruzaron océanos para buscar meras relaciones.

Noe, Daniel y Job son un tipo de remanente, de hombres distintos, de personas que no fueron distinguidos por lo que tenían sino por la dependencia de Dios que vivían, esa era la realidad que los diferenciaba.

Noe, Daniel y Job mostraron como atributo más perfecto que sus vidas giraban en torno a Dios, no los movían las acciones de quienes los rodeaba. Dios estaba en medio de sus vidas y todo lo que ellos decían, hablaban o testimoniaban tenía que ver con el Dios al cual se habían pegado. Aún Job en su dolor, no argumentaba para abandonar a Dios, es cierto que no entendía lo que sucedía pero eso no hacía desaparecer a quien siempre estaba en el centro de su propio corazón.

El remanente de Dios –la Iglesia- deberá reflejar las características del Señor a quien dice servir. El remanente es sacado y llevado a salvo pero los juicios de Dios no le alcanzan porque a pesar de sus fallas saben "esconderse" en los méritos y virtudes del Amado Jesús.

Corredor incansable… ¿a quién te pareces? ¿Son tus modelos **Noe, Daniel o Job**? ¿Son tus modelos los hombres de Dios? o tus modelos son los que el hombre inventó? ¿A quién buscar imitar? El remanente del pueblo de Dios solo buscará imitar a su Señor. Mirará a los mayores, a los que no retrocedieron, que no cedieron, que no se vendieron, que no buscaron invitaciones extrañas y que a pesar de lo que veían sus ojos o "denunciaban" sus bolsillos, no se aplacaban, seguían a la meta, al **llamamiento supremo**...

Corredor con propósito: anhela los principios de **Noe, Daniel y Job**. Prepárate hoy para ser el remanente que Dios preservará en medio de tormentas y desastres. Prepárate porque lo que está por delante es como un pedernal que se levanta, y en el seremos probados, pero los que son parte del remanente no serán tocados, serán guardados, porque al final está Él, ese en el cual has creído cuando fuiste a la línea de largada.

Capítulo 9

Vive de acuerdo a tu imaginación y no a tu historia.
Stephen Covey

El Lenguaje de la Carrera

En todo deporte hay un lenguaje que caracteriza a cada disciplina. Por ejemplo cuando se habla en términos de un "Gol" se sabe a que disciplina se está refiriendo. Si hablamos de un cuadrangular (Home Run) se conoce que se habla de baseball.

De la misma manera en nuestra carrera hay un idioma particular que caracteriza la forma de expresarnos y que además de mostrar los principios espirituales a los cuales nos sujetamos también se convierten en las disciplinas espirituales que asegurarán nuestra victoria en la marcha que estamos corriendo.

Hoy mas que nunca debemos estar expuestos a Principios de Vida, siendo estos verdaderas leyes espirituales que no solo nos conectan al Reino de Dios, sino que nos brindan sentido de pertenencia al mismo.

Si queremos experimentar y vivir los beneficios del Reino, debemos vivir de acuerdo a la constitución de ese mismo Reino. De la misma manera que para gozar y vivir en cualquier país del mundo debes no solo observar sino vivir de acuerdo y en obediencia a la constitución de la tierra que estás pisando.

No se puede vivir en el Reino sin la estructura del Reino, ni las leyes de ese mismo Reino. No podemos decir que pertenecemos a un determinado Reino y vivir como cada uno bien le parece. En realidad, si nos comparamos con cualquier país organizado del mundo, vivimos en libertad para cumplir lo que la Constitución indica.

Como Hijos de luz no solo debemos vivir en luz, estar en la verdad o hablar con transparencia sino tener siempre presente que el Espíritu de Dios, -Su deidad- mora en nosotros. El Espíritu anhela que aprendamos su mismo idioma y de este modo dar el poder de la Palabra a nuestras propias declaraciones, para así comenzar a enfrentar la vida con las promesas eternas sobre todo lo terrenal que nos rodea, nos oprime o nos agota en la carrera que estamos disputando.

Jehová el Señor me dio lengua de sabios, para saber hablar palabras al cansado; despertará mañana tras mañana, despertará mi oído para que oiga como los sabios.
Isaías 50:4

En este pasaje el profeta nos muestra como comienza el verdadero proceso para poder desarrollar el lenguaje de esta carrera. El texto de referencia da a entender que poseemos lengua y expresión de discípulos, de seguidores, de quienes han aprendido un determinado tipo de comunicación. Hemos sido equipados con un lenguaje, el cual ha sido provisto y ordenado por Dios. Siendo esta una realidad que tampoco puede apartarse del gran propósito del Creador sobre sus criaturas. No podemos olvidar esta distinción: el habla es la gran virtud con la cual contamos para comunicarnos en absolutamente todas las áreas de nuestra vida.

Tenemos que aprender a manejar el idioma que Dios nos ha dado para ser efectivos en nuestra carrera. Algo más que menciona el verso es que caracteriza el tipo de lenguaje que se nos da. Un lenguaje de Discípulo: porque hemos sido instruidos y capacitados para utilizarlo, pero cuando falta la instrucción es imposible llevar adelante o saber usar el instrumento que Dios nos ha regalado.

Recuerda que lo que apagó o relegó la vida junto a Dios en muchos hombres fue la falta de carácter y la falta de gobierno que inexorablemente resultó en falta de orden.

...despertará mi oído
para que oiga como los sabios.
Isaías 50:4

Para poder expresarnos correctamente debemos aprender a desarrollar nuestro oído. Los minusválidos auditivos tienen mayores dificultades a la hora de establecer una comunicación con otras personas. Los discípulos mostraron sabiduría al decirle al Maestro que ellos mismos, -a pesar de haber vivido en hogares religiosos- necesitaban una mejor forma de expresión y de comunicación con el cielo.

Enséñanos a orar, ... Lucas 11:1

El que va a correr esta carrera debe cuidar y ordenar correctamente la instrucción que se le da. Los verdaderos discípulos siempre escuchan con actitud y espíritu de obediencia.

Al oir, esto, se compungieron de corazón,
y dijeron a Pedro y a los otros apóstoles: varones
hermanos, ¿qué haremos?
Hechos 2:37

Cuando no se parte de corazones dispuestos a ser enseñados, se comienza desarrollar un idioma que ha empezado a contaminarse, que amenaza la conducta y el avance en medio de la carrera.

La Biblia habla de algunas posturas que dañan y quitan pureza a nuestra expresión:

**En las muchas palabras no falta el pecado;
Mas el que refrena sus labios es prudente.**
Proverbios 10:19

No solo somos advertidos sino que deberíamos asumir y proponernos no hablar más de lo que se debe. Hay momentos que le agregamos demasiadas palabras y argumentos a lo que expresamos, esta actitud en oportunidades nos envuelve en pecado lo cual nos aleja de lo que Dios quiere y ha enseñado a sus discípulos.

**Mas yo os digo que de toda palabra ociosa
que hablen los hombres,
de ella darán cuenta en el día del juicio.**
Mateo 12:36

Palabras indolentes, livianas, expresiones que hasta pueden estar cargadas de buenas intenciones pero que son simples promesas que no estamos capacitados ni formados ni preparados para respaldar. En medio de tu carrera puedes prometer algo a tu familia que no cumples. Esto abre puertas a un espíritu de incredulidad que afectará tu vida. Dejas de ser creíble, no se te pone en duda como persona o autoridad pero verás que las promesas incumplidas promueven la desconfianza, el recelo, la suspicacia en el corazón de los que te rodean.

Si esperas que tu familia, tus hijos y tu entorno confíen plenamente en las promesas y la fidelidad de Dios comienza a sembrar la semilla correcta, siembra buen espíritu de fe y confianza esforzándote para cumplir cada promesa que ha partido de tu boca.

Las promesas que tardan o se han desvirtuado terminan enfermando no solo la relación sino el corazón de quienes las han creído.

El que andan en chismes descubre el secreto;
No te entrometas, pues, con el suelto de lengua.
Proverbios 20:19

Otra cosa que amenaza nuestra manera de expresión es tener malas asociaciones, porque estas por lo general se mueven en lo oculto, en voz baja, en rincones que esconden las verdaderas motivaciones las cuales siempre alimentan secretos que a la larga edifican fortalezas que terminan separándote de la carrera, porque se ha dado lugar a otro tipo de lenguaje: la lengua mentirosa.

Seis cosas aborrece Jehová,
Y aún siete abomina su alma:
Los ojos altivos, la lengua mentirosa,
Las manos derramadoras de sangre inocente,
El corazón que maquina pensamientos inicuos,
Los pies presurosos para correr al mal,
El testigo falso que habla mentiras,
Y el que siembra discordia entre hermanos.
Proverbios 6:16-19

Si quieres que la autoridad de Dios te respalde; debes ser veraz en lo que expreses. Si en verdad te presentas como un discípulo de Dios pero tus compañeros de trabajo te ven haciendo las mismas acciones que ellos hacen, algo está mal, algo no coincide, no puedes declarar algo con tu boca y terminar haciendo lo que hacen todos. La intención de Dios es desarrollar "Su" idioma en medio de tu carrera, para así garantizarte la Victoria.

El mismo Cristo declaró que sus palabras originarían vida en quienes las acepten. El idioma de Dios produce la vida que necesitas para tu carrera porque con una sola palabra de Él, verás la verdadera trasformación.

El mismo salmista David conoció este sonido Dios en él. **"Como el Ciervo brama…,** La palabra bramar se traduce del ingles "Yielning" que significa el sonido de las entrañas.

**La muerte y la vida
Están en poder de la lengua.**

Proverbios 18:21

El texto que antecede es portador de mucha contundencia, porque le da poder a lo que sale de nuestra boca, así lo que declaremos cobra una importancia muy especial. Si vida o muerte pueden salir de nuestra boca es porque primero lo hemos elaborado de alguna manera en nuestros corazones, y es allí donde radica la esencia de esta palabra.

Cuando abrimos la boca correctamente lo que saldrá de nosotros será la vida de Dios para el mundo.

Permítame ir un poco más profundo en el asunto. En medio de tu carrera debes saber poner freno a tu boca, debes educarte en el lenguaje de la carrera que estás disputando.

**He aquí nosotros ponemos freno en la boca de los caballos para que nos obedezcan,
y así dirigimos todo su cuerpo.**

Santiago 3:3

Los caballos son símbolo de ímpetu y fuerza pero con freno se los puede dirigir. Hay fuerza en tu vida, si puedes ponerle freno a la lengua podrás dirigir tu vida hacia metas de realización personal cada vez más mayores.

He visto negocios, familias, iglesias destruirse, derrumbarse porque alguien abrió la boca para soltar palabras de muerte, la lengua mentirosa o irrespetuosa no fue sujetada, produjo el caos y la desolación.

Cuando hablamos del transcurso de la vida nos referimos a un circuito de eventos secuenciales. En otras palabras la lengua crea, en cierto sentido da vida produce una serie de episodios los cuales serán reacciones –positivas o negativas- a lo que se expresó a partir de esa boca que se abrió.

Por ejemplo cuando te refieres a tu matrimonio de esta manera:*"este matrimonio no lo salva nadie"*; estas creando una serie de eventos que van a contribuir a que tu matrimonio no marche bien, pero además estás declarando lo que irremediablemente va a suceder, te estás anticipando a la tragedia pero no contribuyes a cambiar ese final.
Cuando dices: *"esto no lo cambia nadie"*; estás creando un circuito que se conecta con eso que has expresado, se van a crear una serie de cosas que te alejarán de ver que es posible un cambio que te lleve a un mayor bienestar.

Parte de haber sido creados a la semejanza de Dios es que está en nosotros el poder de "declarar" palabras. Tenemos una boca, y si hemos sido nombrados verdaderos embajadores de Dios a este mundo, es porque los Embajadores representan a su país a partir de lo que declaran cuando abren sus labios. Son las palabras las que traen todo un caudal descriptivo y la información más conveniente del país del que dicen han sido enviados.

Si representas a Dios, tú necesitas la boca pero tienes que aprender a usarla bien. Debes aprender a hablar como Dios habla. Debemos ser responsables del manejo de nuestras bocas y de lo que decimos. Cada palabra es como una verdadera semilla y va a dar fruto, será de bendición o maldición. Depende de lo que exprese y de lo que hay en el corazón de quién la emita.

Si tú quieres disfrutar lo que Dios te ha propuesto, tu confesión debe estar de acuerdo con lo que Dios te prometió. Si tus palabras o tu "propio" idioma no están de acuerdo con lo que Dios ha pautado, Dios termina dándote no lo que Él dijo sino lo que tú mismo declaraste.

En verdad te ataste a lo que expresaste, fuiste el promotor de tus propias cadenas y éstas ahora, demoran tu llegada a la meta.

> **Y volvieron de reconocer la tierra**
> **Al fin de cuarenta días.**
> **Números 13: 25**

Es importante que observemos la orden dada por Moisés, ya que envía espías para reconocer la tierra, no para ver si tal vez la podían poseer. Él no consideraba la posesión de la tierra como una posibilidad sino que ya la consideraba como propia, aún antes de que el primer espía regresara para contar lo que había visto. Moisés no necesitó "ver para creer".

Cuando Dios promete algo no tenemos porque estar haciendo un exhaustivo análisis para ver si lo podemos poseer o no. Es un hecho que lo que Dios dijo es nuestro. Las promesas de Dios no son palabras de hombres que pueden cambiar, adaptarse a las circunstancias, volviendo en duda promesas que se hicieron algún día.

Vemos a través de la historia bíblica que los espías "Volvieron de reconocer la tierra". Moisés esperaba aquel informe: Diez hombres dieron sus análisis, sus propias perspectivas y razones pero indudablemente hablaron de acuerdo a sus propias desconfianzas.

Hablar afectado por los temores siempre nos desvía de las promesas, arrebatando y haciendo pequeños los ofrecimientos de Dios. A esta manera de expresarse yo le llamo caminar en los *"Si... Pero..Tal vez..."*.
Dios promete y luego el análisis personal: *"Si pero"*. El reporte de los espías fue claro, no admitía dudas: **"Esta es la Tierra"; pero** ...Josué y Caleb vieron lo mismo que sus compañeros, seguramente caminaron, comieron y durmieron en el mismo campamento que los otros diez, pero marcharon en la Promesa.

Ellos sabían lo que Dios había prometido, también el resto del grupo de enviados, pero Josué y Caleb caminaron en el hecho de saber que Dios lo había dicho, eso era y es suficiente. Para ellos la promesa se había convertido en realidad aún antes de verla realizada. La tierra ya estaba conquistada y los enemigos derrotados para ellos
Nuestro destino es complacer el Corazón de Dios. Al aprender a hablar como discípulos, abandonamos el vivir para nosotros, a centrarnos en nuestras propias vidas y comenzamos a vivir para Cristo.

Lo único que necesitas es una palabra que salga de la boca de Dios, porque los dichos de Jesús son palabras que tienen vida en si mismas.

...las palabras que yo os he hablado son espíritu y son vida.

Juan 6:63

No todas las palabras están cargadas de vida. No es que las palabras encierren poder en si mismas, el asunto es que el poder tiene palabras porque si la palabra sería sinónimo de poder cualquiera que leyera la Biblia y la citara vería los Milagros.

Recuerda que solo en Cristo reside todo el Poder, por consiguiente solo Él le puede dar poder a la palabra.

¿Cómo podemos expresar ese poder?

Hablando, declarando y viviendo de acuerdo a la Palabra de Dios.

El mismo Dios le ha dado un idioma a ese poder. El apóstol Pablo declara que cuando hablemos **"Hablemos con salmos, himnos..."** Este es el deseo de Dios para nuestras carreras, que aprendamos a hablar el idioma espiritual que es el único que nos relaciona con el Espíritu, y como creemos que ese mismo Espíritu mora dentro de nosotros, podrá comunicar hacia afuera la vida que ya está íntimamente ligada a nosotros.

Recuerda: Tú no necesitas poder: ¡Ya lo tienes! Intrínsecamente está en nosotros, pero por no haber aprendido el idioma del Espíritu no podemos liberar la vida que Dios mismo ha depositado en Cristo en nosotros.

La misma palabra menciona que **"Fuente de Vida es la Boca del Justo."**

Debemos entender el poder de vida que hay y que sale de nuestra boca, porque esto nos llevará a convertirnos en verdaderos representantes que portan el carácter del Padre.

La Escritura nos dice acerca de Jesucristo:**…el cual, siendo el resplandor de su gloria, y la imagen misma de su sustancia,…Hebreos 1:3** Cristo es la máxima expresión del Padre, por lo tanto ese enunciado debería ser una constante en nosotros. Dios ha creado un medio para expresar o canalizar ese poder.

Permítame expresarlo de esta manera: No es el poder de las palabras sino comenzar a darle palabras al poder que emana de Dios pero se manifiesta a través de sus hijos.

Somos encargados de traer y representar su Reino a la tierra. Un Reino espiritual que trae y ejerce gobierno sobre el natural. **…Hágase tu voluntad, como en el cielo, así también en la tierra." (Lucas 11:2)** Dios ha elegido un medio para impactar la tierra y ese "método" es hacerlo a través de sus hijos. Siempre que Dios va a marcar el mundo físico usa a alguien que tenga la capacidad de usar el elemento espiritual pero que también se mueva en el ámbito físico.

Si quieres ser un dador de vida en medio de la carrera que estás corriendo, debes tener en tu corazón los mismos propósitos que Dios. De lo contrario vas a estar hablando por un tiempo las palabras de Dios pero inevitablemente volverás a tus propios juicios y consideraciones personales.

Si no permites que se depositen los propósitos de Dios en tu corazón no sabrás donde ir, que decir, o más aún todavía: no tendrás información para dirigir correctamente tu vida, porque el único medio para que las palabras de vida se "instalen" en tu corazón, es estar alineado con los propósitos de Dios.

Podemos llegar a concluir que no es el tipo de palabras que decimos sino de donde provienen y cual es el origen de las mismas.

El apóstol Pablo le declara a la Iglesia de Corinto:

**Pero teniendo el mismo espíritu de fe,
conforme a lo que está escrito:
Creí, por lo cual hablé, nosotros también creemos,
por lo cual también hablamos.**
2 Corintios 4:13

Si quieres hablar como Dios, habla, pero tienes que creerle a Él. Cuando hay sequías, enfermedades, dolores, soledades es afectada la fe; la manera de ver la cosas, de declararlas, dando lugar a una nefasta tendencia que es la de ser negativos, poniendo en duda no solo los propó- sitos sino las intenciones y hasta de las promesas de Dios.

Cuando Dios deposita una promesa, su intención es que esa semilla se siembre en tu corazón para siempre, y tú la establezcas firmemente. Al creerla, entenderla y hacer tuya la promesa será lo que vas a hablar cada día.

Tu naturaleza carnal sabe que de la única manera que vas a dejar de persistir en eso es "abortando" el propósito, interrumpiendo el proceso de nacimiento.

En lo espiritual también se interrumpe un proceso de dar a luz cuando no queremos asumir el compromiso de respetar, obedecer y hacer nuestro el propósito de Dios para nuestras vidas.

Cuando alguien pasa mucho tiempo en estreches o en días difíciles casi siempre su boca comienza hablar de acuerdo a lo que siente. Hay una declaración permanente de derrota, de frustración o de imposibilidad, pasando a esperar lo peor, la tragedia y el callejón sin salida en vez de esperar lo mejor de parte de Dios. No podemos salir de ese entorno, por eso Dios para vencer a través de nosotros lo primero que hace es VENCERNOS, tratando con nuestras vidas y derribando los verdaderos "monumentos" que hemos levantado en nuestros corazones.

Claro que sería demasiado sencillo hablar de corazón como órgano de cuerpo propiamente dicho pero en realidad estamos refiriéndonos a la mente porque es allí donde se libra la verdadera batalla para finalizar la carrera o rendirte.
Dios desea usar las expresiones de tu lenguaje para traer verdadero poder a tu vida a través de esa boca. Todos los hombres que tuvieron encuentros con Dios fueron impactados a partir de donde saldrían las declaraciones.

> **Y voló hacia mi uno de los serafines,**
> **teniendo en su mano un carbón encendido,**
> **tomando del altar unas tenazas,**
> **y tocando con él sobre mi boca, dijo:**
> **He aquí que esto tocó tus labios,**
> **y es quitada tu culpa, y limpio tu pecado.**
> **Isaías 6:6-7**

La Biblia dice que un carbón encendido tocó los labios de Isaías para quitar la iniquidad de su boca. Nosotros: ¿También tendremos iniquidad en nuestra boca? No, pero la contaminación de nuestro idioma es la que expresa iniquidad a través de lo que trasmitimos. En este caso la iniquidad otro poder que se da a conocer a través de nuestras palabras.

En nuestra carrera es fundamental saber que palabras hablamos ya que podemos caer en un "circuito" de sucesos indeseados que pueden intentar desviarnos del maratón divino que estamos corriendo.

No podemos apartar el lenguaje del carácter de la persona, uno refleja al otro de manera contundente, porque lo que sale de nuestra boca dará a conocer el proceso que se está realizando sobre nuestras vidas. El lenguaje se mantiene cuando se desarrolla el hábito de declarar lo que Dios aprueba y es lo que nos mantendrá en el carril correcto.

Lo que tú eres en la vida esta basado en el hábito y en la práctica que has desarrollado, por eso lo que se hace diariamente será un potencial que se trasforma en práctica o costumbre. Necesitas examinar las cosas que haces.

Por ejemplo, si mientes tienes el potencial de convertirte en un mentiroso. Si ves o estás en contacto con pornografía te conviertes en una persona con potencial para corromperte o desviarte del camino. Debes preguntarte: ¿Qué estoy haciendo? Porque cualquier acción que realices continuamente ineludiblemente se convertirá en hábito.

Regresemos a nuestra forma de expresarnos, porque el lenguaje es la herramienta fundamental para desarrollar un hábito, porque cuando este, una vez adquirido será lo que dará forma a nuestra vida. El mismo Cristo desarrolló buenos hábitos, ellos expresaban su carácter, su conducta, en quien descansaba, en quién creía y aún en quién depositaba su confianza.

> **... Bien lo ha hecho todo;...**
> **Marcos 7:37**

Si admitimos que la vida es la sumatoria de los deseos y de los hábitos. Permíteme llevarte a la reflexión acerca de tu propia vida: ¿Está siendo formada por composición de deseos o hábitos que no tienen que ver con la Palabra de Dios? o por el contrario te has dado cuenta que tus hábitos buscan estar alineados con los deseos de Dios. Lo primero tarde o temprano lleva a la ruina espiritual, porque al no dominar tus hábitos, estos son controlados por el pecado, este estilo de vida es contrario a lo que Dios quiere para sus hijos.

El apóstol Pablo tuvo que manejar impulsos internos que lo llevaba a hábitos que no mostrarían carácter.

> **Porque no hago el bien que quiero,**
> **sino el mal que no quiero, eso hago.**
> **Y si hago lo que no quiero, ya no lo hago yo**
> **sino el pecado que mora en mí.**
> **Así que hallo esta ley; que el mal está en mí.**
> **Romanos 7:19-21**

Son las cosas que practicamos las que nos llevan a desarrollar hábitos. Correr un maratón requiere de práctica. Debes preguntarte: ¿En qué estoy invirtiendo el tiempo? ¿Qué estoy practicando? ¿Qué es lo que me hace trastabillar vez tras vez?

El apóstol Pablo expresaba que hacía las cosas que no quería. Mira lo que se ha "pegado" a tu vida que te mantiene operando en hábitos y conductas que no están de acuerdo con Dios y quieren mantenerte aislado, fuera de la carrera.

Puede que una manera de pensar que fue sembrada en tu infancia o en tu desarrollo, algo de tus viejos mentores o maestros, situaciones emocionales no resueltas, maneras de pensar aún de tu familia; pueden ser estas algunas de las razones que te mantienen fuera del ritmo de carrera. La gracia de Dios guardará que no te "salgas" de la misma pero hacen lenta tu marcha hacia la meta.

Conozco cantidad de personas que dice: "Desearía volver al primer amor; desde que me casé o entré a trabajar en este trabajo ya no siento el mismo fuego y la pasión del principio", no solo se refieren a las relaciones conyugales propiamente dichas sino están advirtiendo que su dependencia con Dios es lo que se está deteriorando, volviéndose todo una verdadera y peligrosa meseta espiritual.

Es por eso que corren de congreso en congreso, de encuentro a encuentro, tratan de encender la llama del amor que ellos piensan se ha apagado. Podrás ir al mismo Jerusalén para tener un encuentro con las pisadas de Jesús y no ocurrirá nada en ti. Allí no hay nada que buscar, solo historia que puede impactar los sentidos pero debemos reconocer que hace más de 2000 años lo verdaderamente santo abandonó ese lugar para morar en nosotros.

El que me ama, mi palabra guardará;
y mi Padre le amará, y vendremos a él,
y haremos morada con él.
Juan 14:23

Es allí mismo, dentro de ti, que debe comenzar la carrera. La lucha es en tu mente y en medio de esa verdadera batalla hay un conflicto de lenguaje. No quedan en claro las órdenes, no es que no sepas hablar pero no sabes que lenguaje hablar. Si esta manera de pensar, de hablar y de declarar no es medida por la Palabra de Dios se producirán hábitos extraños, que harán que te preguntes: ¿De dónde vino tal o cual conducta?

Nuestros hábitos provienen y se forman a partir de lo que sucede en nuestros pensamientos, los mismos se levantan producto de haber escuchado a alguien y aún fallar en evaluar esas mismas palabras a través de la Palabra de Dios.

El Apóstol Pablo revela aquí que el asunto está en la mente:

Así que, queriendo yo hacer el bien, hallo esta ley: que el mal está en mí.

Romanos 7:21

En otras palabras: que aún viviendo en el deseo de hacer lo bueno, no puedo hacerlo.

Pero la buena noticia es que la nueva naturaleza del cristiano anhela hacer lo correcto, pero debemos ser concientes que hay oposición y está formada por los hábitos adquiridos o desarrollados que son lo que otra vez nos alejarán de Dios.

El apóstol entra en un dilema, no puede salir del mismo, porque advierte que la mente del cristiano no se renueva instantáneamente, no tiene la virtud de apretar un control y todo comienza a funcionar correctamente. Esa es la lucha de Pablo, su conflicto se originaba en querer otra cosa de lo que le "ordenaba" su propia mente.

Pero sigue avanzando, necesita resolver la cuestión y declara:

Ahora, pues, ninguna condenación hay para los que están en Cristo Jesús, los que nos andan conforme a la carne, sino conforme al Espíritu.
Romanos 8:1

Ser carnal no es hacer cosas carnales sino pensar primero en lo carnal, ver desde esa "ventana" lo que se hará, luego viene el concretar la acción que está siempre cercana o es directamente una rebelión y un pecado. No puedes tener palabras originadas en carne sin tener los pensamientos de la carne. Recuerda que cuando la Biblia habla de carne está dando una clara señal de que esto implica pensamientos que se oponen a la Palabra de Dios.

Porque la ley del Espíritu de vida en Cristo Jesús me ha librado de la ley del pecado y de la muerte.
Romanos 8:2

El apóstol trae mejores noticias todavía y es que tenemos solución al dilema, podemos salir de la tragedia del cuerpo de muerte y no es otra que comenzar a caminar con leyes espirituales que me llevarán a alinear mi mente con la Palabra de Dios. Pablo dice que va a caminar en las leyes que lo hacen libre para continuar en el propósito de Dios, ha tomado la decisión de marchar en las leyes que gobiernan en espíritu y en verdad.

Esta también debe ser nuestra disposición y no puede ser otra que desarrollar y tener pensamientos que me llevan de acuerdo con los pensamientos de Dios.

Vamos a dejar que la Palabra determine nuestros pensamientos, emociones, decisiones acciones, así se dejarán ver los hábitos que están en nuestras vidas. Esto es caminar en el Espíritu. La Palabra atestigua que si caminas en esta nueva ley entonces eres librado de la ley que te lleva cautivo, contrario a las cosas de Dios.

Recuerda: el lenguaje es tu herramienta, es tu declaración, nadie puede hacerlo por ti. Si estás en carrera no puedes declarar como constante el cansancio, lo que harías para salir y abandonar. Simplemente abre tu boca, pero no para gritar tus desencantos sino para llenar tus pulmones, dar vigor a tu ser, hay una meta delante, el Espíritu Santo está de tu lado, y hasta es probable que más de una vez halla sido el que te alcanzó el agua al costado del camino.

Hemos llegado al punto del fin de este libro que nos habló de una carrera, pero el final de lo escrito no es la última etapa del maratón emprendido, solo es el principio, parte de los consejos han surgido de la propia experiencia al recorrer el camino señalado por el Señor.

Otros muchos han brotado de la misma Palabra de Dios, pero estoy seguro que muchos más podrán salir de tu boca, expresando ese verdadero lenguaje de todo buen corredor: el fin está próximo… ¡Sé quien está esperando para darme el abrazo en la meta!

… porque yo sé a quien he creído!

2 Timoteo 1:12